우리말
어휘력을
키워주는

국어 ⊛ 한자 Ⅲ

하루 한 장의 기적

안재윤 지음

📖 동양북스

우리말 어휘력을 키워주는
국어 ⊕ 한자 ⊞ 하루 한 장의 기적

1日	2日	3日	4日	5日	6日	7日	8日	9日	10日
交(교)	通(통)	路(로)	線(선)	現(현)	在(재)	信(신)	號(호)	番(번)	發(발)
___월 ___일	___월 ___일	___월 ___일	___월 ___일	___월 ___일	___월 ___일	___월 ___일	___월 ___일	___월 ___일	___월 ___일

11日	12日	13日	14日	15日	16日	17日	18日	19日	20日
表(표)	言(언)	急(급)	行(행, 항)	速(속)	運(운)	銀(은)	郡(군)	京(경)	第(제)
___월 ___일	___월 ___일	___월 ___일	___월 ___일	___월 ___일	___월 ___일	___월 ___일	___월 ___일	___월 ___일	___월 ___일

21日	22日	23日	24日	25日	26日	27日	28日	29日	30日
例(례)	禮(례)	式(식)	衣(의)	服(복)	洋(양)	和(화)	合(합)	放(방)	席(석)
___월 ___일	___월 ___일	___월 ___일	___월 ___일	___월 ___일	___월 ___일	___월 ___일	___월 ___일	___월 ___일	___월 ___일

31日	32日	33日	34日	35日	36日	37日	38日	39日	40日
苦(고)	待(대)	會(회)	社(사)	集(집)	計(계)	畫(화, 획)	孫(손)	勇(용)	訓(훈)
___월 ___일	___월 ___일	___월 ___일	___월 ___일	___월 ___일	___월 ___일	___월 ___일	___월 ___일	___월 ___일	___월 ___일

41日	42日	43日	44日	45日	46日	47日	48日	49日	50日
成(성)	功(공)	果(과)	樹(수)	園(원)	庭(정)	讀(독, 두)	書(서)	堂(당)	者(자)
___월 ___일	___월 ___일	___월 ___일	___월 ___일	___월 ___일	___월 ___일	___월 ___일	___월 ___일	___월 ___일	___월 ___일

51日	52日	53日	54日	55日	56日	57日	58日	59日	60日
勝(승)	戰(전)	朝(조)	晝(주)	夜(야)	古(고)	今(금)	昨(작)	朴(박)	李(리)
___월 ___일	___월 ___일	___월 ___일	___월 ___일	___월 ___일	___월 ___일	___월 ___일	___월 ___일	___월 ___일	___월 ___일

61日	62日	63日	64日	65日	66日	67日	68日	69日	70日
根(근)	本(본)	始(시)	作(작)	業(업)	開(개)	失(실)	反(반)	省(성, 생)	對(대)
___월 ___일	___월 ___일	___월 ___일	___월 ___일	___월 ___일	___월 ___일	___월 ___일	___월 ___일	___월 ___일	___월 ___일

71日	72日	73日	74日	75日	76日	77日	78日	79日	80日
等(등)	級(급)	高(고)	太(태)	陽(양)	風(풍)	半(반)	習(습)	雪(설)	光(광)
___월 ___일	___월 ___일	___월 ___일	___월 ___일	___월 ___일	___월 ___일	___월 ___일	___월 ___일	___월 ___일	___월 ___일

81日	82日	83日	84日	85日	86日	87日	88日	89日	90日
遠(원)	近(근)	永(영)	美(미)	術(술)	才(재)	神(신)	童(동)	强(강)	弱(약)
___월 ___일	___월 ___일	___월 ___일	___월 ___일	___월 ___일	___월 ___일	___월 ___일	___월 ___일	___월 ___일	___월 ___일

91日	92日	93日	94日	95日	96日	97日	98日	99日	100日
音(음)	樂(락, 악)	短(단)	親(친)	愛(애)	用(용)	利(리)	使(사)	黃(황)	窓(창)
___월 ___일	___월 ___일	___월 ___일	___월 ___일	___월 ___일	___월 ___일	___월 ___일	___월 ___일	___월 ___일	___월 ___일

국어가 어려워요.

영어나 수학도 중요한 과목이지만 국어보다 중요하지는 않습니다. 모든 교과 학습은 우리 말, 곧 국어로 이루어지기 때문입니다. 국어를 도구 과목이라고 부르는 것도 그래서입니다. 땅을 일굴 때도 어떤 도구를 쓰느냐에 따라 결과가 달라집니다. 호미보다는 삽이, 삽보다는 포클레인을 써야 시간은 줄이면서도 더 큰 성과를 거둘 수 있습니다.

학년이 올라갈수록 학습을 위한 도구, 즉 국어 실력을 점검하고 취약한 부분을 보완해야 점점 높아지는 학습 수준을 소화할 수 있습니다. 국어 공부가 어렵다고 호소하는 고학년이 많은 것은 일상 대화에서 쓰는 입말과 문자로 나타내는 글말의 수준이 점차 벌어지고 있기 때문입니다. 특히 글을 읽고 이해하는 게 어렵게 느껴지는 이유는 대부분 부족한 어휘력 탓입니다. 알고 있는 어휘보다 한 단계 이상 높은 수준의 어휘로 이루어진 글을 접하면 공부에 어려움을 겪을 수밖에 없습니다.

왜 한자를 공부해야 하나요?

우리가 사용하는 어휘 중 한자어가 약 70%를 차지합니다. 게다가 학습에 필요한 어휘는 추상적인 사고를 나타내는 개념어가 주를 이루는데, 이 개념어의 90% 이상이 바로 한자어입니다. 따라서 학습 능력의 발전은 어휘력, 즉 한자어를 이해하는 능력에 달려 있다고 할 수 있습니다. 한자를 바탕으로 만들어진 말인 한자어는 개별 한자의 뜻과 결합 방식에 따라 그 의미가 결정됩니다. 한자어 학습도 이 같은 한자의 확장성을 최대한 활용해야 학습 효과를 더욱 높일 수 있습니다.

국어를 잘하고 싶어요.

『국어 속 한자』에는 이 같은 한자의 성격을 십분 활용한 다양한 학습법이 담겨 있습니다. 개별 한자의 뜻을 기초로 한자어를 풀이하며 익히고, 문장과 글이라는 문맥 안에서 한자어의 쓰임새를 공부하다 보면 한자뿐 아니라 국어도 더는 어렵게 느껴지지 않을 것입니다. 어휘력이 늘면 단어 뜻을 생각하는 데 오랜 시간을 들일 필요가 없으니 독해력도 늘 뿐 아니라 풍부한 어휘를 구사할 수 있게 돼 글쓰기 실력도 향상됩니다. 더도 말고 덜도 말고 하루에 한 자씩, 꾸준히 익혀 나가세요.

너른 고을 와유재에서
안재윤

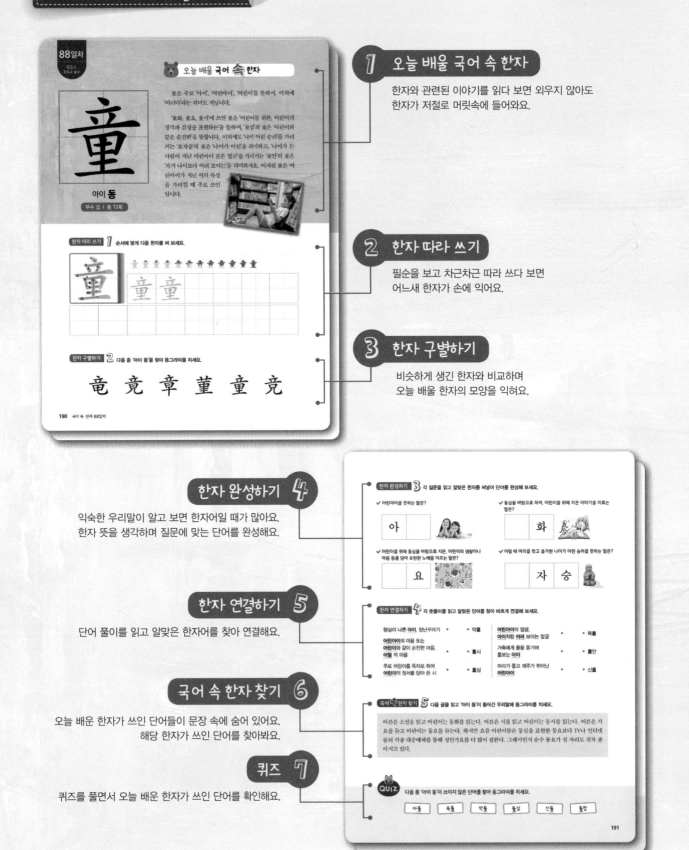

1 오늘 배울 국어 속 한자

한자와 관련된 이야기를 읽다 보면 외우지 않아도
한자가 저절로 머릿속에 들어와요.

2 한자 따라 쓰기

필순을 보고 차근차근 따라 쓰다 보면
어느새 한자가 손에 익어요.

3 한자 구별하기

비슷하게 생긴 한자와 비교하며
오늘 배울 한자의 모양을 익혀요.

4 한자 완성하기

익숙한 우리말이 알고 보면 한자어일 때가 많아요.
한자 뜻을 생각하며 질문에 맞는 단어를 완성해요.

5 한자 연결하기

단어 풀이를 읽고 알맞은 한자어를 찾아 연결해요.

6 국어 속 한자 찾기

오늘 배운 한자가 쓰인 단어들이 문장 속에 숨어 있어요.
해당 한자가 쓰인 단어를 찾아봐요.

7 퀴즈

퀴즈를 풀면서 오늘 배운 한자가 쓰인 단어를 확인해요.

* 한자 급수 시험을 시행하는 주요 기관에서 선정한 급수 한자를 기준으로 하여, 6급 100자로 구성하였습니다.

부수 › 해당 글자의 기본이 되는 글자를 부수라고 해요.

校
학교 교
부수 木(나무 목)

生
날 생
부수 生(날 생)

• 이처럼 한자 자체가 부수인 글자를 **'제부수'**라고 해요.

획수 › 펜을 들어 몇 번만에 글자를 완성하는지 나타낸 수를 획수라고 해요.

校
총 10획

校 → 木 → 木 → 朳 → 校 → 校 → 校 → 校 → 校 → 校

필순 › 한자를 쓰는 순서를 필순이라고 해요. 아래 아홉가지 쓰는 규칙을 익혀보세요.

❶ 위에서 아래로 쓰기
二 → 三 → 三

❷ 왼쪽에서 오른쪽으로 쓰기
川 → 川 → 川

❸ 가로획과 세로획이 교차될 땐 가로획부터 쓰기
一 → 十

❹ 좌우 모양이 같을 땐 가운데 획 먼저 쓰기
小 → 小 → 小

❺ 좌우 구조일 경우 왼쪽에서 오른쪽으로 쓰기
北 → 北 → 北 → 北 → 北

❻ 안쪽과 바깥쪽이 있을 땐 바깥쪽 먼저 쓰기
口 → 口 → 四 → 四 → 四

❼ 글자 가운데를 관통하는 세로획은 나중에 쓰기
中 → 口 → 口 → 中

❽ 점은 나중에 찍기
一 → 寸 → 寸

❾ 받침은 나중에 쓰기
近 → 近 → 斤 → 近 → 近 → 近 → 近 → 近

우리말
어휘력을 키워주는
국어 속
한자 Ⅲ

오늘 배울 국어 **속** 한자

사귈 **교**

부수 亠 | 총 6획

交는 '사귀다', '교제하다'를 뜻하며, 이외에 '오고 가다', '주고받다', '바꾸다', '서로'라는 의미도 지닙니다.

'交차로'에는 왜 '사귀다'라는 뜻의 交가 쓰였을까요? 바로 글자의 생김새 때문입니다. '交차로'는 '서로 엇갈리거나 마주치는 길'을 뜻합니다. 아래 두 획이 서로 교차하는 모양을 빗대 '서로 다른 둘이 만나다'라는 기본 뜻을 갖게 된 것이지요. 두 획이 지닌 본래의 의미가 확대되면서 '오고 가다', '교제하다', '주고받다', '바꾸다' 등의 의미로도 쓰이게 되었답니다.

한자 따라 쓰기 **1** 순서에 맞게 다음 한자를 써 보세요.

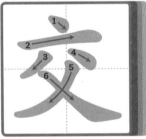

交 交 交 交 交 交

交	交					

한자 구별하기 **2** 다음 중 '사귈 교'를 찾아 동그라미를 치세요.

亥　文　交　佼　支　亦

각 질문을 읽고 알맞은 한자를 써넣어 단어를 완성해 보세요.

✔ 자동차, 기차, 비행기 등의 탈것을 이용하여 사람이나 짐이 오고 가며 이동하는 일을 이르는 말은?

	통

✔ 서로 사귀며 가까이 지내는 것을 뜻하는 말은?

	제

✔ 다른 나라와 정치적, 경제적, 문화적으로 주고받으며 교제하는 일을 이르는 말은?

외	

✔ 서로 바꿈 또는 서로 주고받음을 뜻하는 말은?

	환

각 뜻풀이를 읽고 알맞은 단어를 찾아 바르게 연결해 보세요.

문화나 사상 등이 **서로 오고 감** • • **交**류

우편이나 전화로 정보나 의견을 **주고받음** • • **交**역

나라와 나라 사이에서 물건을 **서로** 사고팔아 바꿈 • • **交**신

사귀던 교제를 끊음 • • **交**체

사람이나 사물을 다른 사람이나 사물로 **바꿈** • • **交**감

말로 하지 않아도 **서로 주고받은** 감정이나 생각을 느낌 • • 절**交**

 다음 글을 읽고 '사귈 교'가 들어간 우리말에 동그라미를 치세요.

감염병이 대규모로 유행하면 국내는 물론 다른 나라와의 인적 물적 교류도 큰 영향을 받는다. 감염병 유입을 우려해 비행기나 선박 등의 교통 시설을 이용하는 외국인 입국을 제한하면 외교 관계에 마찰이 생길 수 있고, 수출과 수입 등 물자 교역에도 차질이 생겨 경제적 타격을 입을 수밖에 없다.

다음 중 '사귈 교'가 쓰이지 않은 단어를 찾아 동그라미를 치세요.

교제	교환	절교	교체	교류	교실

오늘 배울 국어 **속** 한자

通은 주로 '통하다'를 뜻하며, 이외에 '오고 가다', '지나다 니다', '알리다'라는 의미도 지닙니다.

'通지'와 '보通'에는 왜 通이 쓰였을까요? 通은 길이나 전화, 사람 등 둘 사이를 서로 통하게 하는 수단이 있음을 뜻합니다. 이 수단을 통해야 서로 메시지를 주고받을 수 있게 되지요. 그런 의미에서 '알리다, 알게 하다'라는 뜻의 '지(知)'가 쓰인 '通지'는 '어떤 수단을 통해 상대방에게 내 생각을 알게 함'을, '두루, 널리'라는 뜻의 '보(普)'가 쓰인 '보通'은 '어떤 수단이 특별하지 않고 누구나 알 만큼 널리 통하여 흔함'을 뜻하게 된 것이랍니다.

통할 통

부수 辶(辵) | 총 11획

한자 따라 쓰기 **1** 순서에 맞게 다음 한자를 써 보세요.

通 通 通 通 通 通 通 通 通 通 通

通 通

한자 구별하기 **2** 다음 중 '통할 통'을 찾아 동그라미를 치세요.

涌　通　捅　恫　烔　誦

3 각 질문을 읽고 알맞은 한자를 써넣어 단어를 완성해 보세요.

✔ 학생이 집에서 학교까지 오고 가며 다니는 것을 뜻하는 말은?

	학

✔ 전화로 서로 통하게 하여 말을 주고받는 것을 이르는 말은?

	화

✔ 서로 다른 나라 말을 사용하는 사람들 사이에서 뜻이 통하도록 말을 옮겨 주는 것을 뜻하는 말은?

	역

✔ 우편이나 전신, 전화 등으로 정보나 소식 등을 전달함을 뜻하는 말은?

	신

한자 연결하기 4 각 뜻풀이를 읽고 알맞은 단어를 찾아 바르게 연결해 보세요.

어떤 곳을 **지나다님** • • **通**행

뜻이나 생각이 서로 잘 **통함** • • **通**보

소식이나 사실 등을 말이나 글로 **알림** • • 소**通**

막힘없이 **지나다닐** 수 있게 트인 길 • • 보**通**

특별한 것 없이 널리 **통하여** 흔히 있음 • • **通**로

어떤 장소나 시간을 거쳐서 **지나감**, 시험이나 검사에서 합격함 • • **通**과

국어 속 한자 찾기 5 다음 글을 읽고 '통할 통'이 들어간 우리말에 동그라미를 치세요.

봄이는 학교까지 버스를 타고 통학하는 데 보통 30분 정도 걸린다. 그런데 오늘은 어찌 된 일인지 차량 통행이 원활하지 않았다. 봄이는 큰길을 지나고 나자 비로소 차들이 서행한 이유를 알게 되었다. 한 소녀가 시각장애인 할머니를 모시고 길을 건너고 있었던 것이다. 횡단보도 앞에 정차해 있던 차들은 보행 신호가 바뀌었는데도 두 사람이 통과할 때까지 움직이지 않고 있었다.

QUIZ 다음 중 '통할 통'이 쓰이지 않은 단어를 찾아 동그라미를 치세요.

통화   소통   통보   통역   필통   통신

🐻 오늘 배울 국어 **속** 한자

路는 '길', '통로'를 뜻합니다.

흔히 '비참한 말로', '초라한 말로'라는 표현을 씁니다. 여기서 '말路'는 어떤 의미를 나타낼까요? 본래 '여러 종류의 길'을 뜻하는 路는 사람이 살아가는 길, 즉 삶의 행로를 가리키기도 합니다. '말(末)'은 '끝'이라는 의미이므로 '말路'란 '인생의 끝 무렵'을 뜻하지요. 하지만 '독재자의 말路'에서처럼 '망해가는 마지막 무렵의 모습'이라는 부정적인 뜻으로 더 자주 쓰인답니다.

길 **로(노)**

부수 足 ┃ 총 13획

한자 따라 쓰기 **1** 순서에 맞게 다음 한자를 써 보세요.

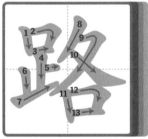

路 路 路 路 路 路 路 路 路 路 路 路 路

路	路					

한자 구별하기 **2** 다음 중 '길 로'를 찾아 동그라미를 치세요.

距　踍　路　踏　趿　跖

각 질문을 읽고 알맞은 한자를 써넣어 단어를 완성해 보세요.

✔ 자동차가 다니는 길을 이르는 말은?

차	

✔ 물이 흐르거나 물을 보내는 통로 또는 배가 다닐 수 있는 물 위의 길을 뜻하는 말은?

수	

✔ 기차나 전차 등이 다닐 수 있도록 만들어 놓은 길을 이르는 말은?

선	

✔ 한 번 들어가면 빠져나오기 어려운 길을 뜻하는 말은?

미	

각 뜻풀이를 읽고 알맞은 단어를 찾아 바르게 연결해 보세요.

지나가는 **길** • • 진**路**

앞으로 나아갈 **길** • • 경**路**

길을 감, 차나 사람이 다니는 큰 **길** 또는 세상을 살아가는 **길** • • 행**路**

크고 넓은 **길** • • **路**상

길 위나 **길**바닥 • • 대**路**

버스, 기차, 비행기 등이 정기적으로 다니는 정해진 **길** • • **路**선

다음 글을 읽고 '길 로'가 들어간 우리말에 동그라미를 치세요.

이 작고 오래된 도시는 차로와 수로가 미로처럼 얽혀 있어 처음 방문한 사람은 길을 잃기 일쑤다. 사람과 차가 많이 지나다니는 대로가 없는 건 아니지만 일단 골목으로 들어가면 방금 지나온 경로도 알 수 없을 만큼 낯설게 느껴진다. 설상가상으로 노상이 온통 하얀 눈으로 뒤덮이는 겨울이면 여행객들은 지나온 길이 차로인지 수로인지도 분간하지 못한다.

QUIZ 다음 중 '길 로'가 쓰이지 않은 단어를 찾아 동그라미를 치세요.

선로	미로	진로	행로	노선	세로

오늘 배울 국어 **속** 한자

줄 선

부수 糸 | 총 15획

線은 주로 '줄', '선'을 뜻하며, 이외에 '길', '선로', '전선', '실마리'라는 의미도 지닙니다.

'시線, 전線, 線로'는 선처럼 죽 이어진 길을 따라 어떤 것이 이동하는 것을 나타냅니다. 이동하는 대상이 '전기'라면 이 길을 '전線'이라 하고, '기차'가 오가는 길이라면 '線로'라고 하며, '두 눈이 가는 길'이라면 '시線'이라고 하지요. 그래서 線은 '길, 선로, 전선'이라는 뜻으로도 사용되는 것이랍니다.

한자 따라 쓰기 **1** 순서에 맞게 다음 한자를 써 보세요.

線 線 線 線 線 線 線 線 線 線 線 線 線 線 線

線 線

한자 구별하기 **2** 다음 중 '줄 선'을 찾아 동그라미를 치세요.

絈   絚   㳖   椋   線   給

한자 완성하기 3 각 질문을 읽고 알맞은 한자를 써넣어 단어를 완성해 보세요.

✔ 직선이 아닌 부드럽게 굽은 선을 이르는 말은?

곡 ☐

✔ 비스듬하게 그은 줄을 이르는 말은?

사 ☐

✔ 점이나 짧은 선이 모여 이루어진 선을 이르는 말은?

점 ☐

✔ 다각형에서 이웃하지 않은 두 꼭짓점을 이은 선분을 이르는 말은?

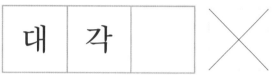

대 각 ☐

한자 연결하기 4 각 뜻풀이를 읽고 알맞은 단어를 찾아 바르게 연결해 보세요.

경계를 구분하는 **선** • • 광線

빛이 가는 **길**, 밝은 물체에서 일직선으로 뻗어 나오는 빛 • • 무線

전선을 연결하지 않고 전파를 통해 통신이나 방송을 보내거나 받음 • • 경계線

기차나 전차 등의 바퀴가 **선로**를 벗어남 • • 혼線

다른 전파의 방해를 받아 통신하는 **선**이 뒤섞여 혼란이 생기는 것 • • 탈線

소설에서 앞으로 일어날 사건의 **실마리**를 미리 독자에게 넌지시 알려 주는 것 • • 복線

국어 속 한자 찾기 5 다음 글을 읽고 '줄 선'이 들어간 우리말에 동그라미를 치세요.

20××년 ×월 ××일, 스페인 산티아고 데 콤포스텔라시 중앙역 인근에서 고속열차 탈선 사고가 일어났다. 기관사는 제한속도 80km인 곡선 구간에서 알 수 없는 이유로 속도를 줄이지 못했다고 말했다. 사고 원인을 조사 중인 경찰은 사고 당일 역 본부와 열차 간 무선 통신에 혼선이 발생한 사실에 주목하고 테러 가능성을 검토하고 있다고 밝혔다.

QUIZ 다음 중 '줄 선'이 쓰이지 않은 단어를 찾아 동그라미를 치세요.

| 경계선 | 곡선 | 최선 | 점선 | 강선 | 복선 |

오늘 배울 국어 **속** 한자

나타날 **현**

부수 玉(玉) | 총 11획

現은 '나타나다', '드러나다'를 뜻하며, 이외에 '지금', '일이 벌어진'이라는 의미도 지닙니다.

'現金, 現代'에는 왜 '지금'이라는 의미의 現이 쓰였을까요? 원래 現의 훈(뜻)인 '나타나다'는 '이전에는 보이지 않던 것이 지금 여기에 모습을 드러내다'를 의미합니다. 즉 '지금 여기에 나타나 있다'를 뜻하지요. 그런 의미에서 '現金'은 '現찰'과 마찬가지로 '지금 가지고 있는 돈'을 뜻하고, '現대'는 '지금 이 시대, 오늘날'이라는 뜻을 나타냅니다.

한자 따라 쓰기 1 순서에 맞게 다음 한자를 써 보세요.

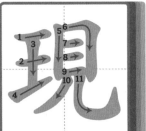

現 現 現 現 現 現 現 現 現 現 現

現	現						

한자 구별하기 2 다음 중 '나타날 현'을 찾아 동그라미를 치세요.

玥　瑻　观　現　垷　珇

✔ 정부에서 발행하는 화폐로 지금 가지고 있는 돈을 뜻하는 말은?

	금

✔ 지금 이 시대에 살고 있는 사람을 뜻하는 말은?

	대	인

✔ 일이 벌어진 그 자리 또는 일을 실제로 진행하고 있는 곳을 이르는 말은?

	장

✔ 지금 실제로 존재하는 사실이나 상태를 뜻하는 말은?

	실

지금(현재)의 상황 • • **現**황

지금 생존함, **현재**에 있음 • • **現**상

나타나 보이는 **현재**의 상태 또는 **지금**의 형편 • • **現**존

나타나 **드러남** 또는 **나타나서** 보임 • • 실**現**

꿈이나 계획을 실제로 **나타나게 함** • • 표**現**

느낌, 생각 등을 말이나 글을 사용하여 겉으로 **나타냄** • • 출**現**

연극 치료란 정신적 육체적 문제를 연극을 활용해 치유하는 심리 치료법을 말한다. 이 치료법은 현실에서 충족되지 못한 바람을 연극이라는 역할 연기를 통해 실현시켜 보는 경험에 초점을 둔다. 연극 치료 현장에서 상처받은 아이들을 돕는 소아정신과 전문의 조OO 씨는 자신의 문제를 역할극에서 적극 표현하는 아이들이 생각과 감정, 행동에 가장 큰 변화를 보인다고 말한다.

QUIZ 다음 중 '나타날 현'이 쓰이지 않은 단어를 찾아 동그라미를 치세요.

현존	출현	현황	실현	현관	현상

오늘 배울 국어 속 한자

在는 '있다', '~에 있다', '존재하다'를 뜻합니다.

'有(있을 유), 在'는 둘 다 '있다'를 뜻하지만 쓰임은 다릅니다. '有능, 有식, 有죄'에서처럼 有가 앞에 오면 대체로 '~을 가지고 있음, ~이 ~에게 속해 있음'을 뜻하지만, '在실, 在학, 在임'에서처럼 在가 앞에 오면 주로 '~에 있음, ~을 하고 있음'을 뜻합니다. 이처럼 有 뒤에는 주로 소유한 대상을 나타내는 '~을'에 해당하는 한자가 오고, 在 뒤에는 주로 장소를 나타내는 '~에'에 해당하는 한자가 온답니다.

있을 재

부수 土 | 총 6획

한자 따라 쓰기 **1** 순서에 맞게 다음 한자를 써 보세요.

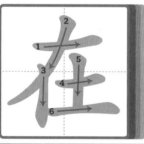

在 在 在 在 在 在

在	在				

한자 구별하기 **2** 다음 중 '있을 재'를 찾아 동그라미를 치세요.

布　左　右　厷　在　存

✔ 현재 학교에 다니고 있음을 이르는 말은?

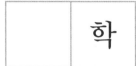 학

✔ 창고에 있는 물건 또는 팔다가 남아서 창고에 쌓아 놓은 물건을 이르는 말은?

고

✔ 죄를 지어서 교도소에 갇혀 있는 사람을 뜻하는 말은?

소 자

✔ 그곳에 있지 않음 또는 자리에 없음을 뜻하는 말은?

부

한자 연결하기 **4** 각 뜻풀이를 읽고 알맞은 단어를 찾아 바르게 연결해 보세요.

지금 여기에 나타나 **있음**,
지금 이때 • • 존**在**

현실에 **있음** 또는 그런 대상 • • 현**在**

사물이나 현상이 안에 들어 **있음** • • 내**在**

실제로 **존재함** • • 잠**在**

일정한 직무나 임무를 맡고 **있음** • • **在**임

겉으로 드러나지 않고
속에 숨어 **있음** • • 실**在**

국어 속 한자 찾기 **5** 다음 글을 읽고 '있을 재'가 들어간 우리말에 동그라미를 치세요.

미국 서해안에서 발생한 강진의 영향으로 20일 현재 LA는 도시 전체가 아수라장으로 변했다. 건물이 무너지고 전기와 수도 공급이 끊긴 데다 생필품까지 부족해지자 이재민들은 치안이 부재한 도시 곳곳의 상점들을 약탈하기 시작했다. 약탈에 가담한 이들 가운데는 현재 재임 중인 공무원과 경찰관도 다수 포함되어 있다는 소식이 전해져 충격을 더하고 있다.

QUIZ

다음 중 '있을 재'가 쓰이지 않은 단어를 찾아 동그라미를 치세요.

부재   재학   잠재   재산   존재   실재

오늘 배울 국어 **속** 한자

믿을 **신**

부수 亻(人) | 총 9획

信은 주로 '믿다'를 뜻하며, 이외에 '편지'라는 의미도 지닙니다.

'信호'는 서로 약속한 소리나 표지, 몸짓으로 생각을 주고받는 것을 말합니다. 그런데 '信호'에는 왜 '믿다'라는 의미의 信이 쓰였을까요? 신호의 의미를 서로 잘 알고 믿을 수 있어야 통하기 때문이지요. 이와 비슷한 예로 옛날에는 왕이 신하를 먼 곳으로 파견할 때 '부信'을 지니고 떠나게 했습니다. 이는 왕을 대신해 임무를 수행하는 신하의 말이 곧 왕의 말임을 믿고 따를 수 있도록 그 증거로 내보이는 신표를 말하지요.

한자 따라 쓰기 **1** 순서에 맞게 다음 한자를 써 보세요.

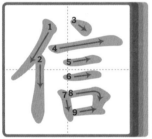

信 信 信 信 信 信 信 信 信

信	信				

한자 구별하기 **2** 다음 중 '믿을 신'을 찾아 동그라미를 치세요.

猛 倍 信 瑄 唁 娹

한자 완성하기 3 각 질문을 읽고 알맞은 한자를 써넣어 단어를 완성해 보세요.

✔ 굳게 믿음 또는 확실하게 믿음을 뜻하는 말은?

| 확 | |

✔ 서로 약속한 일정한 부호나 표지, 소리나 몸짓 등으로 내용을 전달하는 것을 이르는 말은?

| | 호 |

✔ 신을 믿고 따르며 좋은 일을 뜻하는 말은?

| | 앙 |

✔ 안부나 소식, 용무 등을 적어서 보내는 글을 뜻하는 말은?

| 서 | |

한자 연결하기 4 각 뜻풀이를 읽고 알맞은 단어를 찾아 바르게 연결해 보세요.

<u>믿지</u> 않음 • • 배信

굳게 <u>믿는</u> 마음,
변하지 않은 굳은 생각 • • 信념

상대방의 <u>믿음</u>과 의리를 저버림 • • 불信

굳게 <u>믿는</u> 것, 굳게 <u>믿는</u> 생각 • • 회信

<u>편지</u>나 전신 등으로 답을 보냄 • • 소信

<u>믿어서</u> 근거나 증거로
삼을 수 있는 정도 • • 信빙성

국어 속 한자 찾기 5 다음 글을 읽고 '믿을 신'이 들어간 우리말에 동그라미를 치세요.

혼히 과학적 사실은 신빙성이 있지만 종교적 신앙심은 그렇지 않다고 생각하는 경향이 있다. 하지만 과거에 확신했던 과학적 사실이 후대에 잘못된 지식으로 밝혀지는 경우가 무수히 많고, 종교적 신념이 인간 삶에 현실적인 도움을 주는 경우도 그만큼 많다. 오늘날에는 과학과 종교를 단순히 둘로 나누어 하나는 옳고 하나는 그르다고 보는 사고를 지양한다.

QUIZ 다음 중 '믿을 신'이 쓰이지 않은 단어를 찾아 동그라미를 치세요.

| 불신 | 배신 | 변신 | 신호 | 회신 | 확신 |

오늘 배울 국어 속 한자

號는 원래 '이름'을 뜻하지만 이름을 입으로 소리 내 부른다는 의미에서 '부르짖다', '지휘하다'라는 뜻으로 확대되었으며, 이외에 '차례', '부호', '기호'라는 의미도 지닙니다.

'號령'은 군대에서 큰소리로 병사들을 지휘하고 명령하는 행위나 그 명령을 가리킵니다. 병사의 '이름'을 '부르고', 할 일의 '차례'를 정해주고, '부호'나 '기호'를 써서 '지휘하며' 부하를 통솔하는 상관의 일을 떠올리면 '號령'에는 號의 다양한 뜻이 두루 담겨 있음을 알 수 있지요.

이름 호

부수 虍 | 총 13획

한자 따라 쓰기 1 순서에 맞게 다음 한자를 써 보세요.

號 號 號 號 號 號 號 號 號 號 號 號 號

號	號					

한자 구별하기 2 다음 중 '이름 호'를 찾아 동그라미를 치세요.

號　��　蚙　唬　読　號

✔ 차례를 나타내거나 구별하기 위해 붙이는 숫자를 이르는 말은?

| 번 | |

✔ 어떤 뜻을 나타내려고 정하여 사용하는 기호를 뜻하는 말은?

| 부 | |

✔ 수학에서 두 수가 같음을 나타내는 부호를 뜻하는 말은?

| 등 | |

✔ 나라의 이름, 국명을 뜻하는 말은?

| 국 | |

한자 연결하기 **4** 각 뜻풀이를 읽고 알맞은 단어를 찾아 바르게 연결해 보세요.

비밀을 유지하도록 숫자나 **부호**로 표시한 것 • • 號령

지휘하며 명령함, 큰 소리로 꾸짖음 • • 號수

차례대로 매겨진 번호 • • 암號

어떤 뜻을 나타내기 위해 쓰인 여러 가지 **부호**나 그림, 글자 같은 표시 • • 기號

어떠한 뜻으로 일컫는 **이름** • • 구號

어떤 요구나 주장 등을 간결한 문구로 **부르짖음** • • 칭號

국어 ⇔ 한자 찾기 **5** 다음 글을 읽고 '이름 호'가 들어간 우리말에 동그라미를 치세요.

우리는 수많은 기호에 둘러싸여 산다. 기호는 사람의 지식, 감정, 행동이 나타내는 의미를 글자나 부호, 그림 등으로 표시한 것을 말한다. 각 나라의 이름인 국호, 지도에 그려진 갖가지 부호, 아파트의 동이나 호수를 적은 숫자, 수학에서 사용하는 등호, 부등호 등이 모두 기호다. 만일 기호가 없다면 어떻게 생각과 감정을 전달할 수 있을까?

QUIZ 다음 중 '이름 호'가 쓰이지 않은 단어를 찾아 동그라미를 치세요.

| 칭호 | 암호 | 호수 | 구호 | 보호 | 번호 |

오늘 배울 국어 **속** 한자

차례 **번**

부수 田 I 총 12획

番은 주로 '차례', '번'을 뜻하며, 이외에 '번갈아', '번호'라는 의미도 지닙니다.

'番호'와 '당番', '番갈아'는 의미상 어떤 연관이 있을까요? '番호'는 '차례대로 부름', '차례로 부른 숫자'를 뜻하고, '당番'은 '어떤 일을 할 차례가 됨' 또는 '어떤 일을 할 차례가 된 사람'을 나타냅니다. 반면 '番갈아'에서 '갈아'의 기본형인 '갈다'는 '다른 것이나 다른 사람으로 바꾸다'라는 의미의 순우리말이므로 '番갈아'는 '하나씩 차례대로 바꾸어'를 뜻하지요.

한자 따라 쓰기 1 순서에 맞게 다음 한자를 써 보세요.

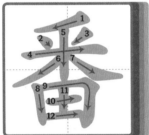

番 番 番 番 番 番 番 番 番 番 番 番

番	番					

한자 구별하기 2 다음 중 '차례 번'을 찾아 동그라미를 치세요.

畚 蕃 畜 畲 番 雷

✔ 순서대로 돌아가는 차례를 이르는 말은?

순	

✔ 지역(땅)을 일정한 기준에 따라 나누고 그 각각에 붙인 번호를 이르는 말은?

	지

✔ 여러 개의 번호 중에서 중간에 빠진 번호를 뜻하는 말은?

결	

✔ 전화가 가입된 구역의 전화 교환국 국명을 나타내는 번호를 이르는 말은?

국	

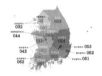

한자 연결하기 **4** 각 뜻풀이를 읽고 알맞은 단어를 찾아 바르게 연결해 보세요.

곧 돌아오는 **차례**,
이제 막 지나간 **차례**   •   • 매**番**

번번이, 매 때마다   •   • 저**番**

말하는 때 이전의 지나간 **차례**,
요전의 그때   •   • 이**番**

단 한 **번**, 단 한 **차례**   •   • 단**番**

어떤 일을 할 **차례**가 아님   •   • 주**番**

한 주일 동안씩 **번갈아**
교대로 하는 근무 또는
그 근무를 하는 사람   •   • 비**番**

국어 속 한자 찾기 **5** 다음 글을 읽고 '차례 번'이 들어간 우리말에 동그라미를 치세요.

봄이네 반 학생들은 이름순으로 번호를 정하고 순번대로 자리에 앉았다. 저번 학기에는 1번-32번,
2번-31번 등으로 짝이 정해졌는데, 그때 봄이는 새롬이와 짝이 됐다. 이번 학기에는 1번-17번,
2번-18번 등으로 순번을 정해 둘은 떨어져 앉게 되었다. 그런데 규섭이가 갑작스레 전학을 가면서
20번이 결번이 되었고, 봄이와 새롬이는 다시 짝이 되었다. 둘은 각각 몇 번일까?

QUIZ 다음 중 '차례 번'이 쓰이지 않은 단어를 찾아 동그라미를 치세요.

주번	번지	이번	매번	단번	번역

오늘 배울 국어 속 한자

發은 '(꽃잎 등이) 피다'를 뜻하며, 이외에 '드러내다', '나타나다', '~이 되다', '일어나다', '떠나다', '보내다'라는 의미도 지닙니다.

'發화'는 세 가지 뜻이 있습니다. 뒤에 쓰인 '화'가 어떤 한자이냐에 따라 각기 다른 의미를 나타내지요. 發은 '안에 있던 것이 밖으로 나옴(피다)'을 뜻하므로 뒤에 火(불 화)가 오면 '불이 일어나다'라는 뜻이 되고, 花(꽃 화)가 오면 '꽃이 피어나다'라는 뜻이 되며, 話(말씀 화)가 오면 '말소리를 내다'라는 뜻의 '發화'가 됩니다.

필 발

부수 癶 | 총 12획

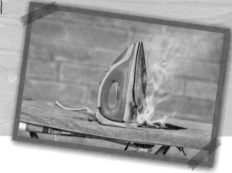

한자 따라 쓰기 **1** 순서에 맞게 다음 한자를 써 보세요.

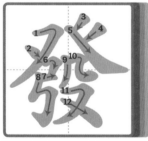

發 發 發 發 發 發 發 發 發 發 發 發

發	發				

한자 구별하기 **2** 다음 중 '필 발'을 찾아 동그라미를 치세요.

癸　登　発　癹　凳　發

✔ 어떤 일을 시작하여 나아감 또는 목적지나 방향을 향하여 떠남을 뜻하는 말은?

출	

✔ 신체, 지능 등이 자라거나 성숙함 또는 기술, 학문, 문명 등이 보다 높은 수준이 되는 것을 뜻하는 말은?

	달

✔ 이제까지 세상에 없었던 새로운 기술이나 물건을 만들어 내는 것을 이르는 말은?

	명

✔ 어떤 일이나 생각 등을 여러 사람에게 널리 드러내어 알리는 것을 뜻하는 말은?

	표

한자 연결하기 4 각 뜻풀이를 읽고 알맞은 단어를 찾아 바르게 연결해 보세요.

더 좋은 상태로 **됨** • • 發생

어떤 일이나 사물이 생겨나거나 **나타남** • • 發전

감춰져 있는 것을 파헤치고 따져서 겉으로 **드러나게** 함 • • 적發

아직 알려지지 않은 것을 처음으로 찾아 **드러냄** • • 發송

예상하지 못한 일이 갑자기 **일어남** • • 돌發

물건, 편지 등을 우편 등으로 **보냄** • • 發견

국어 속 한자 찾기 5 다음 글을 읽고 '필 발'이 들어간 우리말에 동그라미를 치세요.

인류는 한데 모여 살면서 문명사회를 발전시켰다. 그리고 자연을 관찰하며 새로운 사실을 발견하고 유용한 도구를 발명해 더 발달된 사회로 만들었다. 이미 존재하고 있었지만 알지 못했던 것을 새롭게 찾아내는 것을 발견이라 하고, 이전에 없던 것을 새롭게 만들어내는 것을 발명이라 한다. 가령 불을 찾아낸 것은 발견이고, 불을 피우는 도구를 만들어낸 것은 발명이다.

QUIZ 다음 중 '필 발'이 쓰이지 않은 단어를 찾아 동그라미를 치세요.

출발	발표	깃발	발전	발생	발송

오늘 배울 국어 **속** 한자

겉 표

부수 衣 l 총 8획

表는 '겉'을 뜻하며, 이외에 '바깥', '나타내다', '드러내다', '표'라는 의미도 지닙니다.

선행 등을 칭찬하는 내용을 담아 널리 알리는 상장을 '表창장'이라고 하지요. 表는 '겉', '창(彰)'은 '드러내다'를 뜻하므로 '表창'은 '겉으로 드러냄'을 의미합니다. 선행이나 공적을 남몰래 칭찬하는 것이 아니라 많은 사람들이 알 수 있도록 만방에 드러내 알린다는 의미를 담고 있지요. 마찬가지로 '성적表'와 '도表'의 表도 어떤 사실이나 정보를 알기 쉽게 겉으로 드러낸다는 의미를 나타냅니다.

한자 따라 쓰기 1 순서에 맞게 다음 한자를 써 보세요.

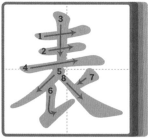

表 表 表 表 表 表 表 表

表	表				

한자 구별하기 2 다음 중 '겉 표'를 찾아 동그라미를 치세요.

喪　哀　表　袁　衷　哀

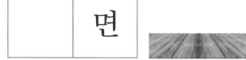

✔ 사물의 가장 바깥쪽 또는 겉으로 나타나거나 눈에 띄는 부분을 이르는 말은?

	면

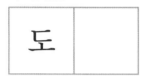

✔ 마음속에 생기는 기분이나 감정이 겉으로 드러남을 뜻하는 말은?

	정

✔ 여러 자료를 분석하여 그 관계를 그림으로 나타낸 것을 이르는 말은?

도	

✔ 학생들이 배운 지식, 기능 등을 평가한 결과를 드러내어 기록한 표를 이르는 말은?

성	적	

한자 연결하기 **4** 각 뜻풀이를 읽고 알맞은 단어를 찾아 바르게 연결해 보세요.

겉으로 나타냄 • • 表출

적어서 나타낸 기록 • • 表기

생각이나 태도를 분명하게 드러냄 • • 表명

생각이나 감정 등을 표정, 행동, 언어 등으로 드러내어 나타냄 • • 表현

책의 겉을 둘러싼 종이 • • 表피

동물의 몸이나 식물의 가장 바깥쪽을 덮고 있는 부분 • • 表지

국어 속 한자 찾기 **5** 다음 글을 읽고 '겉 표'가 들어간 우리말에 동그라미를 치세요.

이제 곧 기말고사다. 지난 학기 성적표를 펴보시던 엄마 얼굴이 떠오른다. 별말씀은 없으셨지만 엄마의 표정에는 걱정이 묻어 있었다. 작년 수해 이재민 돕기 봉사 활동을 다녀와서 표창장을 받았을 때 뿌듯해하시던 얼굴과는 사뭇 다른 표정이었다. 엄마는 감정을 말로 잘 표현하지 않으시지만 대신 얼굴에 감정이 그대로 표출된다. 이번 시험에서는 좀 더 분발해야겠다.

QUIZ 다음 중 '겉 표'가 쓰이지 않은 단어를 찾아 동그라미를 치세요.

표명	표면	성적표	표기	우표	표지

오늘 배울 국어 **속** 한자

말씀 언

부수 言 | 총 7획

言은 주로 '말씀, 말'을 뜻하며, 이외에 '글', '알리다', '말하다'라는 의미도 지닙니다.

言은 말로 하는 행위를 나타내는 한자와 함께 쓰일 때가 많습니다. 가령 말로 다투는 것은 '言쟁', 말로 약속하는 것을 '言약', 앞일을 미리 말하는 것은 '예言', 죽기 전에 남기는 말을 '유言'이라고 하지요. 그리고 말과 행동을 아우르는 표현은 '言행'이라고 합니다. 말한 대로 실천하는 것은 '言행일치'라고 하고, 반대로 '말과 행동이 다름'은 '言행불일치'라고 하지요.

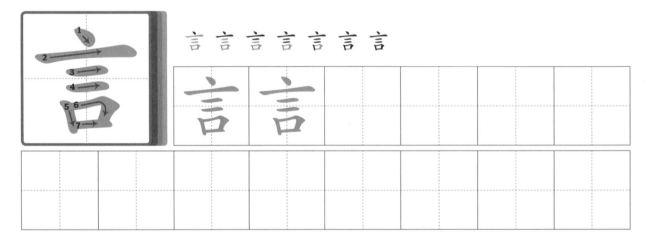

한자 따라 쓰기 1 순서에 맞게 다음 한자를 써 보세요.

言 言 言 言 言 言 言

言	言				

한자 구별하기 2 다음 중 '말씀 언'을 찾아 동그라미를 치세요.

言 吾 三 言 音 咅

3 각 질문을 읽고 알맞은 한자를 써넣어 단어를 완성해 보세요.

✔ 생각이나 느낌 등을 나타내거나 전달하는데 쓰이는 말 또는 글 등의 수단을 이르는 말은?

	어

✔ 신문이나 방송 등 매체를 통하여 어떤 사실이나 의견을 널리 알리는 것을 뜻하는 말은?

	론

✔ 국가나 사회 집단 또는 개인이 입장과 의견을 공식적으로 널리 알리는 것을 이르는 말은?

선	

✔ 사실을 자세하게 증명하거나 증명하는 말을 뜻하는 말은?

증	

4 각 뜻풀이를 읽고 알맞은 단어를 찾아 바르게 연결해 보세요.

말을 꺼내 의견을 나타냄 • • 조**言**

도움이 되도록 깨우쳐 주거나 거들어 주는 **말** • • 발**言**

어떤 일이나 문제에 대해 **말함** • • **言**급

사리에 맞는 훌륭한 **말**, 널리 알려진 **말** • • 명**言**

표준어가 아닌 한 지방에서 쓰는 **말** • • 격**言**

인생을 현명하게 살아가는 데 교훈이 될 만한 짧은 **말** • • 방**言**

5 다음 글을 읽고 '말씀 언'이 들어간 우리말에 동그라미를 치세요.

2.8 독립 선언은 1919년 2월 8일 일본 도쿄에서 유학하던 조선인 학생들이 외친 독립 선언이다. 미국 윌슨 대통령이 언급한 민족 자결주의 원칙은 독립에 대한 조선인 학생들의 희망을 자극했고, 이들은 언어와 문화가 다른 일본이 우리 민족의 앞날을 결정할 수 없음을 천명했다. 도쿄 유학생들의 2.8 독립 선언서 낭독 소식이 국내에 알려지면서 마침내 3.1운동의 불씨가 마련되었다.

*민족 자결주의 : 각 민족은 다른 민족의 간섭을 받지 않고 정치적 운명을 스스로 결정할 권리가 있다는 주장

QUIZ 다음 중 '말씀 언'이 쓰이지 않은 단어를 찾아 동그라미를 치세요.

증언 　 언덕 　 조언 　 발언 　 언급 　 언론

오늘 배울 국어 **속** 한자

急은 주로 '급하다'를 뜻하며, 이외에 '갑자기', '빠르다'라는 의미도 지닙니다.

'래프팅(rafting)'은 강이나 호수에서 보트를 타고 급류를 헤쳐 나아가는 수상 레포츠를 말하지요. '急류'는 '급하게 흐르는 물'이라는 뜻으로, 여기서 '급하다'는 '서두르다'라는 뜻이 아니라 '물의 흐름이나 속도가 매우 빠르다'라는 의미를 나타냅니다. 이와 유사하게 물가 등이 '급히, 갑자기' 떨어지는 것은 '急락'이라 하고, '急경사'는 경사가 매우 가파른 모양새를 가리키지요.

급할 **급**

부수 心 | 총 9획

한자 따라 쓰기 *1* 순서에 맞게 다음 한자를 써 보세요.

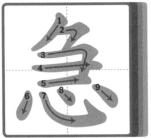

急 急 急 急 急 急 急 急 急

急	急				

한자 구별하기 *2* 다음 중 '급할 급'을 찾아 동그라미를 치세요.

思　急　息　意　羔　恖

✔ 매우 중요하고 급함을 이르는 말은?

긴	

✔ 급하게 감 또는 빠르게 운행하기 위해 큰 역에만 정차하는 열차를 이르는 말은?

	행

✔ 갑작스럽게 늘어남을 이르는 말은?

	증

✔ 생명이 위급한 환자나 부상자를 급히 병원으로 실어 나르는 자동차를 이르는 말은?

구		차

한자 연결하기 **4** 각 뜻풀이를 읽고 알맞은 단어를 찾아 바르게 연결해 보세요.

급하고 격렬함   •   • 응急

급한 상황에 응하여 먼저 처리함   •   • 시急

시각을 다툴 만큼
몹시 절박하고 **급함**   •   • 急격

몹시 위태롭고 **급함**   •   • 다急

일이 바싹 닥쳐서 매우 **급함**   •   • 위急

무엇보다도 **급하게**
먼저 해야 할 일   •   • 急선무

국어 ⇔ 한자 찾기 **5** 다음 글을 읽고 '급할 급'이 들어간 우리말에 동그라미를 치세요.

매우 긴급한 일이라도 있는 듯 자동차들이 빠르게 달리고 있었다. 그때 멀리서 응급을 알리는 사이렌 소리가 들려오자 길을 빽빽하게 메우고 있던 차들이 다급히 길을 터주기 시작했다. 어느새 차 하나가 충분히 지나갈 수 있는 길이 생겼고 구급차는 재빨리 그 길을 통과했다. 일제히 멈췄던 자동차들은 시급한 일이라도 있다는 듯 다시 빠르게 속도를 내며 달리기 시작했다.

QUIZ 다음 중 '급할 급'이 쓰이지 않은 단어를 찾아 동그라미를 치세요.

급선무	시급	급증	급격	지급	위급

다닐 **행**, 항렬 **항**

부수 行 | 총 6획

오늘 배울 국어 **속** 한자

行은 주로 '다니다'를 뜻하며, 이외에 '행하다', '나아가다', '널리 퍼지다'라는 의미도 지닙니다.

은행은 사람들의 예금을 다른 사람이나 기업에 빌려주고 투자하면서 돈이 필요한 곳에 골고루 흘러들도록 관리하는 기관이지요. 이 '은行'에 왜 '다니다'라는 의미의 行이 쓰였을까요? '은(銀)'은 '재물, 돈'을 의미하고, 行은 여기저기로 흘러 유통되는 돈의 속성을 나타내기 때문입니다.

'行'이 '항렬'을 나타낼 때는 '**항**'이라고 읽습니다. '行렬'은 조상이 같은 후손들의 세대 관계를 구분할 때 쓰는 말로, 가령 삼촌, 고모는 아버지와 항렬이 같고, 형제자매, 사촌들은 나와 항렬이 같지요.

한자 따라 쓰기 **1** 순서에 맞게 다음 한자를 써 보세요.

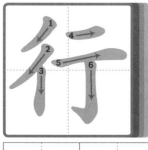

行 行 行 行 行 行

行 行

한자 구별하기 **2** 다음 중 '다닐 행, 항렬 항'을 찾아 동그라미를 치세요.

往 征 行 行 彷 往

✔ 길에 다니는 사람을 뜻하는 말은?

	인

✔ 책이나 신문 등을 만들어 세상에 널리 펴냄을 뜻하는 말은?

발	

✔ 집을 떠나 다른 지역이나 외국을 구경하며 다니는 일을 뜻하는 말은?

여	

✔ 하늘을 날아가거나 날아다니는 것을 이르는 말은?

비	

한자 연결하기 ④ 각 뜻풀이를 읽고 알맞은 단어를 찾아 바르게 연결해 보세요.

걸어 **다님** • • 行진

사람이 의식적으로 **행하는** 짓 • • 보行

여럿이 줄을 지어 앞으로 걸어 **나아가는** 것 • • 行위

실제로 **행함** • • 통行

길이나 공간을 통하여 **다님**, 어떤 곳을 지나**다님** • • 실行

패션, 사상 등이 일시적으로 **널리 퍼지는** 현상 • • 유行

국어 속 한자 찾기 ⑤ 다음 글을 읽고 '다닐 행, 항렬 항'이 들어간 우리말에 동그라미를 치세요.

13시간을 비행해 도착한 곳은 스페인의 수도 마드리드. 한국도 뜨거운 한여름이지만 마드리드는 그보다 더 덥다. 그래서인지 행인들의 옷차림도 가볍다. 서울이든 마드리드든 대도시에서 유행하는 옷은 비슷비슷한 것 같다. 아빠는 최근 여행객들은 번화한 마드리드보다 근교 여행을 더 선호한다고 했다. 그중에서도 세고비아와 톨레도는 관광객들이 빼놓지 않고 찾는 관광 명소라고 한다.

QUIZ 다음 중 '다닐 행, 항렬 항'이 쓰이지 않은 단어를 찾아 동그라미를 치세요.

발행	실행	유행	행위	행진	불행

35

빠를 **속**

부수 辶(辵) | 총 11획

🐻 오늘 배울 국어 **속** 한자

速은 '빠르다'는 뜻 외에 '속도'라는 의미도 지닙니다.

학원에는 흔히 '速성 과정'이 있습니다. 速은 '보통에 비해 빠름'을 뜻하므로 어떤 과정을 마치는 데 걸리는 기간을 단축시켜 더 빨리 목표에 도달하게 해주는 과정을 말하지요. 이와 비슷하게 '速독'도 책을 천천히 깊이 있게 읽는 '정독'과 달리 빠르게 읽어 내려가는 독서법을 가리킵니다.

시간의 단위인 '초, 분, 시'가 쓰인 '초速, 분速, 시速'은 움직이는 물체의 빠른 정도를 나타내는 양, 즉 '速도'를 나타내는 단위입니다. '초速'은 1초 동안, '분速'은 1분 동안, '시速'은 1시간 동안의 진행 거리를 가리키는 말이지요.

한자 따라 쓰기 1 순서에 맞게 다음 한자를 써 보세요.

速 速 速 速 速 速 速 速 速 速 速

速	速					

한자 구별하기 2 다음 중 '빠를 속'을 찾아 동그라미를 치세요.

迪　涑　速　迎　連　達

✔ 자동차가 정해진 속도보다 너무 빠르게 달리는 것을 이르는 말은?

✔ 느린 속도를 이르는 말은?

✔ 신문이나 방송에서 새로 들어온 사실을 빨리 알림 또는 그런 소식을 뜻하는 말은?

✔ 바람의 속도 또는 단위 시간에 공기가 이동한 거리를 뜻하는 말은?

한자 연결하기 4 각 뜻풀이를 읽고 알맞은 단어를 찾아 바르게 연결해 보세요.

점점 속도를 더 늘림 또는 그 **속도** • • **速**력

일 처리나 행동이 매우 날쌔고 **빠름** • • 가**速**

속도를 내게 하는 힘, **빠르기** • • 신**速**

급하고 **빠름** • • **速**결

빨리 결정하거나 처리함 • • 조**速**

매우 이르고도 **빠른** • • 급**速**

국어 速 한자 찾기 5 다음 글을 읽고 '빠를 속'이 들어간 우리말에 동그라미를 치세요.

아빠가 운전하는 차를 타 본 사람들은 하나 같이 마음이 편하다고 입을 모은다. 하지만 가끔씩 뒤차가 시끄럽게 경적을 울릴 때가 있다. 규정 속도를 지키는 아빠 차를 향해 저속 운행을 한다고 불만을 표하는 것이다. 아빠는 말씀하신다. "속도가 경쟁력이라고들 하지. 그래서 다들 매사에 조급해진 것 같구나. 과속 차량이 늘고 속성 과정이 생겨나는 것도 이런 조급함 때문이겠지."

다음 중 '빠를 속'이 쓰이지 않은 단어를 찾아 동그라미를 치세요.

| 조속 | 저속 | 풍속 | 속결 | 약속 | 속보 |

37

오늘 배울 국어 **속** 한자

옮길 운

부수 辶(辵) | 총 13획

運은 '옮기다'를 뜻하며, 이외에 '움직이다', 나르다(운반), '운, 운수, 운명'이라는 의미도 지닙니다.

'행運'은 운수가 좋은 경우를, '비運'은 그렇지 않은 경우를 말합니다. 여기서 運은 왜 '운, 운수, 운명'을 뜻하게 된 걸까요? '運, 運수, 運명'은 사람의 의지로 통제할 수 없는 힘에 의해 삶이 '움직이는' 것을 말합니다. 내 삶이 계획대로 나아가지 않거나 생각지 않게 좋은 일이 생기는 것도 눈에 보이지 않는 특별한 힘이 내 삶을 '움직였기' 때문이지요. 이 힘을 '운, 운수, 운명'이라고 부릅니다.

운수대통

한자 따라 쓰기 **1** 순서에 맞게 다음 한자를 써 보세요.

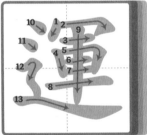

運 運 運 運 運 運 運 運 運 運 運 運 運

運	運								

한자 구별하기 **2** 다음 중 '옮길 운'을 찾아 동그라미를 치세요.

運　連　速　達　通　逗

✔ 물건을 옮겨 나르는 것을 뜻하는 말은?

	반

✔ 자동차나 기계 등을 움직이도록 조작하는 것을 이르는 말은?

	전

✔ 배가 다니거나 물을 끌어 쓸 수 있도록 육지를 파서 인공적으로 만든 물길을 이르는 말은?

	하

✔ 삶이 순조롭지 못한, 슬픈 운수나 불행한 운명을 이르는 말은?

비	

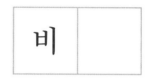

한자 연결하기 **4** 각 뜻풀이를 읽고 알맞은 단어를 찾아 바르게 연결해 보세요.

조직이나 기구를 **움직이게** 하거나 부리어 쓰며 경영함 •　　　•　**運**행

정해진 길을 따라 자동차나 버스가 **움직여** 다님 •　　　•　**運**명

운수, 초인간적인 힘, 이미 정해져 있는 목숨이나 처지 •　　　•　**運**영

몸을 **움직이는** 데 필요한 힘, 어떤 일이 벌어지려는 분위기 •　　　•　**運**수

사람의 힘으로는 어찌할 수 없는 **운명** •　　　•　**運**송

사람을 태워 보내거나 물건을 **운반**하여 보냄 •　　　•　기**運**

국어 속 한자 찾기 **5** 다음 글을 읽고 '옮길 운'이 들어간 우리말에 동그라미를 치세요.

1869년 11월 수에즈 운하가 완공되면서 유럽과 아시아를 오가는 선박 운행 시간이 24일이나 단축돼 운송 비용과 시간을 획기적으로 줄일 수 있게 되었다. 이집트는 이를 계기로 부강한 나라로 거듭나려 했다. 하지만 운하의 막대한 이익을 둘러싸고 주변 강국들이 각축을 벌이면서 이집트는 영국의 식민지가 되는 비운을 겪고 말았다.

QUIZ

다음 중 '옮길 운'이 쓰이지 않은 단어를 찾아 동그라미를 치세요.

운반	운영	운행	운전	기운	운둔

오늘 배울 국어 **속** 한자

銀은 '은'을 뜻하며, 이외에 '은백색', '은빛', '돈'이라는 의미도 지닙니다.

맑은 밤하늘에 뜬 별 무리를 의미하는 '銀하수'에는 왜 '은빛'이라는 의미의 銀이 쓰였을까요? 서양에서는 은하수를 헤라 여신의 몸에서 뿜어져 나온 젖으로 여겨 '밀키웨이(milky way)'라고 부른답니다. 하지만 중국이나 우리나라에서는 하늘에 흐르는 강이라는 의미의 '천하, 천강'이라 불렀으며, 별 무리가 은빛을 띠고 흐른다는 의미로 '은하, 은한' 또는 '은하수'라고도 부르지요.

은 은

부수 金 ㅣ 총 14획

한자 따라 쓰기 **1** 순서에 맞게 다음 한자를 써 보세요.

銀 銀 銀 銀 銀 銀 銀 銀 銀 銀 銀 銀 銀 銀

銀	銀				

한자 구별하기 **2** 다음 중 '은 은'을 찾아 동그라미를 치세요.

珢　跟　眼　鈏　銀　銀

✔ 은빛, 은의 빛깔과 같이 반짝이는 색을 이르는 말은?

| | 색 |  |

✔ 상의 등급을 금, 은, 동으로 나눴을 때 2등 상을 이르는 말은?

| | 상 |  |

✔ 은을 종이처럼 얇게 만든 물건 또는 은색 알루미늄을 얇게 펴 만든 것으로 음식 포장에도 사용하는 이것은?

| | 박 | 지 |  |

✔ 사람들의 돈을 맡아 관리하고 필요한 사람에게 돈을 빌려주는 기관을 이르는 말은?

| | 행 |  |

한자 연결하기 **4** 각 뜻풀이를 읽고 알맞은 단어를 찾아 바르게 연결해 보세요.

금과 **은** 덩어리 · · 수銀

상온에서는 액체 상태가 되는, 온도계나 의약품을 만드는 데 쓰는 **은백색** 금속 · · 銀하수

우주에 길게 분포된 수많은 **은빛** 별 무리를 강에 비유한 말 · · 금銀괴

은빛 머리털, 백발을 아름답게 이르는 말 · · 銀어

은으로 만들어 호신용이나 장식용으로 사용한 작은 칼 · · 銀발

배 부분이 **은색**을 띠는 물고기 · · 銀장도

국어 속 한자 찾기 **5** 다음 글을 읽고 '은 은'이 들어간 우리말에 동그라미를 치세요.

까마귀와 까치가 은하수에 다리를 놓아 견우와 직녀를 만나게 해준다는 칠석날 밤. 부슬부슬 비가 내린다. 저 멀리 기다란 은발을 휘날리며 걸어오는 사람이 보인다. 은색 소복 차림이다. 점점 빠른 걸음으로 다가오자 나는 숨이 턱 막힌다. 도망가려 하지만 발이 안 떨어진다. 바로 앞까지 다가온 그가 은장도를 꺼내 든다. "이 녀석, 또 TV를 켜놓고 잤네. 얼른 일어나!"

QUIZ 다음 중 '은 은'이 쓰이지 않은 단어를 찾아 동그라미를 치세요.

수은 　은발 　은행 　금은괴 　은혜 　은박지

오늘 배울 국어 **속** 한자

郡은 '고을'이라는 뜻입니다. 郡이 들어있는 단어는 '행정 구역 단위의 군(郡)'이라는 뜻과 관련됩니다.

경기도, 충청남도 등과 같은 8개의 '도(道)' 아래에는 행정 구역 단위인 '시(市)', '郡'이 있습니다. 경상북도 김천시와 칠곡郡은 둘 다 같은 '도'에 속한 행정 구역이지만 인구수나 주된 산업에 따라 하나는 '시'라고 하고 하나는 '郡'이라고 하지요. '시'와 '郡' 아래의 행정 구역으로는 '읍', '면', '동'이 있습니다. '도'는 지방자치단체 중 최상위에 속하는 광역자치단체라면, 郡은 그다음 단계인 기초자치단체를 말한답니다.

고을 **군**

부수 阝 (邑) | 총 10획

한자 따라 쓰기 1 순서에 맞게 다음 한자를 써 보세요.

郡 郡 郡 郡 郡 郡 郡 郡 郡 郡

郡	郡						

한자 구별하기 2 다음 중 '고을 군'을 찾아 동그라미를 치세요.

那 㒵 部 啚 郡 郅

✔ 행정 구역인 군의 행정을 맡아보는 기관을 이르는 말은?

✔ 행정 구역인 군의 행정을 맡아보는 제일 높은 직위에 있는 사람을 이르는 말은?

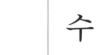

✔ 행정 구역인 군에 사는 사람들을 이르는 말은?

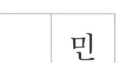 

✔ 군의 의결 기관인 군 의회의 구성원으로, 시민들이 선출한 사람을 이르는 말은?

한 **군**이나 **고을**의 전체 • • 郡내

행정 구역인 **군**의 담당 지역 안 • • 郡립

행정 구역인 **군**에서 설립하여
관리 운영함 • • 전郡

행정 구역인 **군**에 따라 나눈 구별 • • 시郡

행정 구역인 **군**에서
직접 경영하는 일 • • 郡별

시와 **군** • • 郡영

우리나라 기초지방자치단체인 각 군에는 군별로 행정사무를 맡아보는 군청이 있다. 군청의 우두머리인 군수는 4년마다 선거를 통해 선출되므로 군민의 신임을 얻기 위해 노력해야 한다. 군청과 군의회는 행정부와 국회의 관계와 같다. 군의원들은 군의 법인 조례를 제정하거나 예산안 등을 심의하고 군청은 이를 집행한다. 둘의 상호 협력으로 군은 안정적으로 운영될 수 있다.

QUIZ 다음 중 '고을 군'이 쓰이지 않은 단어를 찾아 동그라미를 치세요.

군내 전군 군수 시군 군립 군인

오늘 배울 국어 속 한자

서울 경

부수 亠 | 총 8획

京은 주로 '서울'을 뜻하며, 이외에 '수도', '도읍'이라는 의미도 지닙니다.

중국의 수도인 '북京'과 일본의 수도인 '동京'에는 왜 '서울'이라는 뜻의 京이 쓰였을까요? 京은 본래 한 나라의 '수도'를 뜻합니다. 우리나라는 서울이 곧 수도이므로 '서울'이라는 훈을 붙인 것이지요.

고려 시대에는 국토의 중앙에 위치한 개성을 '개京', 북서쪽에 있는 평양을 '서京', 동남쪽에 있는 경주를 '동京'이라 부르고 이 세 곳을 아울러 '삼京'이라 했습니다. 당시 수도는 개경이었지만 京은 수도뿐 아니라 수도만큼 중요한 곳을 이르는 말로 쓰였던 것이지요.

한자 따라 쓰기 **1** 순서에 맞게 다음 한자를 써 보세요.

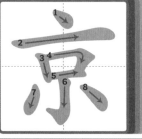

京 京 京 京 京 京 京 京

京	京					

한자 구별하기 **2** 다음 중 '서울 경'을 찾아 동그라미를 치세요.

亭　涼　京　享　宋　亮

한자 완성하기 3 각 질문을 읽고 알맞은 한자를 써넣어 단어를 완성해 보세요.

✔ 서울로 돌아가거나 돌아오는 것을 이르는 말은?

귀	

✔ 우리나라 중서부에 있는 도(道)로 서울을 중심으로 한 가까운 주위의 지방을 이르는 말은?

기	도

✔ 중국의 수도이며 '베이징'을 우리 한자음으로 읽은 이름을 이르는 말은?

북	

✔ 일본의 수도이며 '도쿄'를 우리 한자음으로 읽은 이름을 이르는 말은?

동	

한자 연결하기 4 각 뜻풀이를 읽고 알맞은 단어를 찾아 바르게 연결해 보세요.

지방에서 **서울**로 올라옴, **서울**로 감　•　•　**京**인선

서울로 들어가거나 들어옴　•　•　입**京**

서울과 인천 사이의 철도　•　•　상**京**

서울에 있는 대궐　•　•　**京**궐

중국의 **수도** 북경의 극, 노래, 춤, 연기가 혼합된 중국의 연극　•　•　**京**성

도읍의 성, **서울**의 옛 이름　•　•　**京**극

국어 ⇨ 한자 찾기 5 다음 글을 읽고 '서울 경'이 들어간 우리말에 동그라미를 치세요.

"말은 제주로 보내고 사람은 서울로 보내라."는 말이 있다. 그 때문일까? 학교와 직장을 찾아 상경하는 인구가 매년 늘고 있다. 우리나라 인구 5천만 명 중 서울과 인천, 경기도 등에 사는 수도권 인구가 절반이 넘는다. 전체 인구의 약 절반이 수도권에 사는 것이다. 명절이면 귀향과 귀경 인파로 고속도로가 주차장으로 변하는 이유도 그래서다.

QUIZ 다음 중 '서울 경'이 쓰이지 않은 단어를 찾아 동그라미를 치세요.

경인선　　동경　　북경　　경극　　경주　　귀경

오늘 배울 국어 속 한자

第

차례 **제**

부수 竹 ㅣ 총 11획

第는 '차례'를 뜻하며, 이외에 '~ 번째', '등급', '시험', '순서' 라는 의미도 지닙니다. 第가 숫자 앞에 붙어 순서를 나타낼 때는 '~ 번째'로 풀이하지요.

'과거 급第'는 '과거 시험에 합격하는 것'을 말합니다. '과 거'란 고려와 조선시대 때 국가의 관리를 뽑는 시험으로, 지 금으로 치면 공무원 시험과 비슷합니다. '급第'의 '급(及)'은 '~에 미치다(일정한 기준치에 이르다)'를 뜻하고 第는 '등급' 을 가리키므로 '급第'는 합격 등급에 미치는 것, 즉 '합격함' 을 뜻하지요. 반대말은 '떨어지다'라는 의미의 '낙 (落)'을 써서 '낙第'라고 한 답니다.

한자 따라 쓰기 1 순서에 맞게 다음 한자를 써 보세요.

第 第 第 第 第 第 第 第 第 第 第

第	第				

한자 구별하기 2 다음 중 '차례 제'를 찾아 동그라미를 치세요.

第　策　芕　苐　笨　笒

✔ 여럿 가운데 안전을 가장 중요하게 여김을 이르는 말은?

안	전		일

✔ 순서나 등급을 매길 때, 여럿 가운데서 둘째가는 것을 뜻하는 말은?

	이

✔ 차례의 셋째 또는 논의하거나 고려하지 않은 전혀 다른 대상이나 사물을 뜻하는 말은?

	삼

✔ 네 번째, 차례의 넷째를 뜻하는 말은?

	사

한자 연결하기 4 각 뜻풀이를 읽고 알맞은 단어를 찾아 바르게 연결해 보세요.

과거에 붙음, **시험**에 합격함 •   • 第차

시험에서 떨어짐, 진학이나 진급을 못 함 •   • 낙第

순서에 따른 구분, **차례** •   • 급第

첫 **번째** 선, 일을 실제로 행하는 여럿 중 맨 앞장 •   • 第삼자

세 **번째** 사람, 어떤 일에 직접적인 관계가 없는 사람 •   • 第일선

세 **번째** 나라, 당사국 밖의 직접적인 관계가 없는 나라 •   • 第삼국

국어 속 한자 찾기 5 다음 글을 읽고 '차례 제'가 들어간 우리말에 동그라미를 치세요.

두 사람이 중간에 제삼의 물건이나 사람을 통하지 않고 맺는 관계를 직접 관계라고 한다. 제삼자나 제삼국은 직접 관계한 사람이나 나라 이외의 다른 사람, 다른 나라라는 뜻이다. 그러나 남북문제에서 남한과 북한은 직접 제일선에 나서지 못한다. 남북문제는 남과 북만의 문제라기보다 미국, 러시아, 중국, 일본과 같은 주변국과의 관계가 얽힌 외교 문제로 인식되기 때문이다.

QUIZ 다음 중 '차례 제'가 쓰이지 않은 단어를 찾아 동그라미를 치세요.

제자	제차	제삼	급제	안전제일	낙제

1 〈보기〉에서 각 빈칸에 알맞은 한자와 뜻을 찾아 써 보세요.

보기

京 | 現 | 路 | 交 | 急 | 言 | 信 | 番 | 在 | 行

빠를 속 | 이름 호 | 차례 제 | 줄 선 | 필 발 | 통할 통 | 겉 표 | 옮길 운 | 고을 군 | 은 은

	通		線				號	發
사귈 교		길 로		나타날 현	있을 재	믿을 신		차례 번	

表			速	運	銀	郡	第
	말씀 언	급할 급	다닐 행, 항렬 항				서울 경	

2 각 한자의 틀린 부분을 찾아 바르게 고쳐 써 보세요.

文	甬	跕	線	現	在	言	號	番	發
사귈 교	통할 통	길 로	줄 선	나타날 현	있을 재	믿을 신	이름 호	차례 번	필 발

表	言	急	行	速	連	銀	郡	京	苐
겉 표	말씀 언	급할 급	다닐 행, 항렬 항	빠를 속	옮길 운	은 은	고을 군	서울 경	차례 제

3 각 빈칸에 알맞은 한자와 뜻을 써 보세요.

交		路		現	在	信		番	
	통할 **통**		줄 **선**				이름 **호**		필 **발**

	言	急	行					京	
겉 **표**				빠를 **속**	옮길 **운**	은 **은**	고을 **군**		차례 **제**

4~5 다음 글을 읽고 문제에 답하세요.

❶**교통** 기관은 '얼마나 빠른가, 얼마나 많이 실을 수 있는가, 이용하기에 편리하고 안전한가' 등으로 ❷**운행** 능력이 평가된다. ❸**현재** 교통 기관 중 가장 ㉠**빠른** 것은 비행기고, 사람과 화물을 가장 많이 실을 수 있는 것은 배다. 그럼 빠르기와 화물 운송 능력뿐 아니라 편리성과 안전성을 모두 고려할 때 가장 높은 점수를 얻는 것은? 바로 '고속철도'다. 고속철도는 1964년 일본에서 신칸센이 처음 개통된 이후, 1981년에 프랑스의 TGV와 이탈리아의 ETR이, 1988년엔 독일의 ICE가, 1992년엔 스페인의 AVE가 각각 개통되었다. 우리나라는 1992년 ㉡**서울**과 부산을 잇는 경부고속철도 건설 계획을 ❹**발표**했고 2004년 4월 1일 고속철도 KTX를 개통했다. 처음에는 프랑스의 TGV 기술을 도입하여 운행하면서 ㉢**차례**로 ❺**노선**을 확대했고, 2010년 3월 2일 드디어 국산 기술로 제작한 고속철도가 운행을 시작했다.

4 다음 중 ❶ ~ ❺의 우리말 소리에 해당하는 한자를 써보세요.

❶ _____   ❷ _____   ❸ _____   ❹ _____   ❺ _____

5 다음 중 ㉠ – ㉡ – ㉢의 의미를 나타내는 한자를 골라 보세요.

① 運 - 京 - 第   ② 速 - 行 - 發   ③ 速 - 京 - 第   ④ 速 - 京 - 交

오늘 배울 국어 속 한자

例는 '법식'이라는 뜻 외에 '예', '규칙', '전례'라는 의미도 지닙니다.

'흔히 있는 일'을 뜻하는 '예삿일'의 '例사'에는 왜 '법식, 규칙'이라는 뜻의 例가 쓰였을까요? 법식이나 규칙은 대다수가 따라야 하는 형식이나 예법을 말하지요. 그래서 例는 사람들이 보통 따르는 '예, 전례'라는 의미로 확대되었고, '일'을 뜻하는 '사(事)'와 함께 쓰인 '例사'는 그만큼 보통으로 있는 흔한 일을 뜻합니다. 반대로 그렇지 않은 일, 곧 보통에서 벗어난 일은 '例외'라고 하지요.

법식 례(예)

부수 亻(人) | 총 8획

한자 따라 쓰기 1 순서에 맞게 다음 한자를 써 보세요.

例 例 例 例 例 例 例 例

例	例						

한자 구별하기 2 다음 중 '법식 례'를 찾아 동그라미를 치세요.

列　捌　冽　例　迾　栵

✔ 여럿을 먼저와 나중의 순서 관계로 구분하여 늘어놓은
것을 이르는 말은?

차	

✔ 한 쪽 양이 증가하면 같은 규칙대로 다른 쪽 양도 증가하는
것을 뜻하는 말은?

비	

✔ 단어나 내용을 설명하기 위해 예를 들어 보여 주는 문장을
이르는 말은?

	문

✔ 법원에서 동일하거나 비슷한 소송 사건에 대해 판결한
이전의 전례를 뜻하는 말은?

판	

한자 연결하기 4 각 뜻풀이를 읽고 알맞은 단어를 찾아 바르게 연결해 보세요.

한 가지의 **예**, 하나의 보기 • • **例**외

예를 보여 설명하는 방법 • • 일**例**

일반적인 **규칙**이나 **예**에서
벗어나는 일 • • **例**시

어떤 일이 이전에 실제로
일어난 **예** • • **例**제

예를 들어 설명하는 연습 문제 • • 관**例**

예전부터 굳어지고 되풀이 되면서
관습이 된 **전례** • • 사**例**

국어 ⇨ 한자 찾기 5 다음 글을 읽고 '법식 례'가 들어간 우리말에 동그라미를 치세요.

수학 시간에 선생님께서 비례의 개념을 설명해 주셨다. "어떤 값이 2배, 3배로 늘어날 때 다른 값도 2
배, 3배로 늘어나면 두 값은 비례한다고 말합니다. 비례는 일상생활에서도 많이 쓰이고 있지요. 한
가지 예로, 지우개 한 개가 300원이라면 7개는 얼마일까요? 2,100원이지요? 그럼 맨 뒷줄 5명은 차례
대로 나와서 교과서 예제를 하나씩 칠판에 풀어볼까요?"

QUIZ

다음 중 '법식 례'가 쓰이지 않은 단어를 찾아 동그라미를 치세요.

판례	예제	예문	사례	예절	관례

 오늘 배울 국어 **속** 한자

禮는 주로 '예, 예도'를 뜻하며, 이외에 '예의', '예절', '예식', '인사'라는 의미도 지닙니다.

다른 사람에게 양해를 구할 때 쓰는 표현인 '실례합니다'의 '실禮'에는 왜 禮가 쓰였을까요? '禮' 또는 '禮도'는 격식을 갖추어 상대방을 대하는 예의 바른 자세와 행동 방식을 아울러 이르는 말입니다. 따라서 '어긋나다'라는 의미의 '실(失)'을 쓴 '실禮'는 '말이나 행동이 예의에 어긋나다'를 뜻하며, '실례합니다'는 예의에 어긋나는 행동에 대해 미리 양해를 구하는 인사 표현인 것이지요.

예도 **례(예)**

부수 示 ㅣ 총 18획

한자 따라 쓰기 *1* 순서에 맞게 다음 한자를 써 보세요.

禮 禮 禮 禮 禮 禮 禮 禮 禮 禮 禮 禮 禮 禮
禮 禮 禮 禮

禮	禮					

한자 구별하기 *2* 다음 중 '예도 례'를 찾아 동그라미를 치세요.

槽　　禮　　醴　　糟　　禮　　遭

각 질문을 읽고 알맞은 한자를 써넣어 단어를 완성해 보세요.

✔ 예의를 갖추고 하는 공손한 태도를 뜻하는 말은?

	절

✔ 사람이 죽은 후 장사 지내는 예절을 이르는 말은?

장	

✔ 공경의 뜻을 나타내는 인사로 고개를 숙이거나 오른손을 이마 또는 가슴에 대는 동작을 이르는 말은?

경	

✔ 추석이나 설날 등을 맞아 예를 갖추고 낮에 간단히 지내는 제사를 이르는 말은?

차	

각 뜻풀이를 읽고 알맞은 단어를 찾아 바르게 연결해 보세요.

예절에 맞는 공손한 말투와 바른 행동 • • 결禮

예의에 어긋나는 행동을 함, 갖춰지지 못한 **예의** • • 禮의

예의가 없음 • • 무禮

형식을 갖춘 **예의**, 정해진 방식에 맞춰 치르는 행사 • • 禮우

결혼식 등의 **예식**을 맡아 주관하고 진행하는 사람 • • 의禮

예의를 지켜 정중히 대함 • • 주禮

다음 글을 읽고 '예도 례'가 들어간 우리말에 동그라미를 치세요.

웅장한 음악이 흐르고 제복을 입은 군인들이 줄을 서서 경례를 붙이자 검은색 리무진이 미끄러지듯 나아갔다. 각 방송사는 이라크에서 폭탄 테러로 숨진 고 김○○ 하사의 장례식을 중계했다. 장례를 주관하는 군 관계자들은 최대한 예의를 갖추어 의례를 진행했다. 이번 장례식에는 대통령 내외가 참석하여 유가족의 침통한 마음을 위로했다.

QUIZ

다음 중 '예도 례'가 쓰이지 않은 단어를 찾아 동그라미를 치세요.

예약	경례	결례	무례	주례	예절

 오늘 배울 **국어 속** 한자

법 식

부수 弋 I 총 6획

式은 '법'을 뜻하며, 이외에 '식', '방식', '행사', '의식', '형식', '모양'이라는 의미도 지닙니다.

'예式'은 '예의를 갖추어 행하는 의식'이라는 의미를 나타 낼 때는 '예의, 예법'이라는 뜻의 '예(禮)'를, '항상 정해져 있는 일정한 격식'이라는 의미를 나타낼 때는 '법식'이라는 뜻의 '예(例)'를 씁니다. 두 한자어에 공통으로 쓰인 式은 일정한 방식이나 형식을 갖춘 의식 또는 행사를 뜻하지요. 式이 의미하는 '법'은 강제적인 법률이 아니라 일상생활에서 적용되는 문화 또는 관습에 따라 정해진 법도와 양식을 말합니다.

한자 따라 쓰기 **1** 순서에 맞게 다음 한자를 써 보세요.

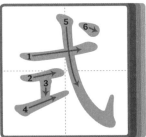

式 式 式 式 式 式

式	式					

한자 구별하기 **2** 다음 중 '법 식'을 찾아 동그라미를 치세요.

戎　　戈　　式　　式　　戍　　弍

✔ 두 개 이상의 식이나 문자, 수를 등호(=)로 묶어 그것이
서로 같다는 것을 나타낸 관계식을 이르는 말은?

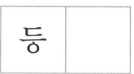

$(a+b)^2 = a^2 + 2ab + b^2$

✔ 방학이나 휴교 등으로 한동안 쉬었던 수업을 다시 시작할 때
갖는 의식을 이르는 말은?

개 학

✔ 국가나 사회로부터 공적으로 정해진 형식이나 방식 또는
수학의 법칙을 기호로 나타낸 식을 뜻하는 말은?

공

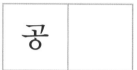

✔ 여러 개의 보기 중에서 답을 선택하게 하는 시험 문제의 형식을
뜻하는 말은?

객 관

겉으로 나타나 보이는 **모양**, 일을
할 때 따르는 일정한 절차나 **방식** •

• 의**式**

일정한 방법이나 **형식** •

• 형**式**

정해진 방법에 따라 치르는 **행사** •

• 방**式**

새로운 **방식**이나 **형식** •

• 양**式**

어떤 일을 하는 데에 필요한
일정한 **모양**이나 **형식** •

• 신**式**

바른 절차를 제대로 갖춘 **의식** •

• 정**式**

개학식을 한 지 얼마 되지 않은 것 같은데 벌써 기말고사라니. 같은 반 친구들은 수학 공식을 외우고
문제를 푸느라 바쁜데 나는 책이 손에 잡히지 않는다. 주관식이나 객관식 같은 문제 형식으로 과연
내 재능을 제대로 발견하고 평가할 수 있을까? 내일은 선생님께 정식으로 진로 상담을 요청해 봐야
겠다.

QUIZ 다음 중 '법 식'이 쓰이지 않은 단어를 찾아 동그라미를 치세요.

양식   음식   신식   객관식   의식   등식

 오늘 배울 국어 **속** 한자

衣는 주로 '옷'을 뜻하면서 '입다'라는 의미도 지닙니다.

'탈衣'는 '옷을 벗다'를 의미합니다. 그럼 옷을 파는 상점에서 옷을 착용해 볼 수 있도록 마련한 방은 왜 '옷을 벗는 방'이라는 의미의 '탈衣실'이라고 할까요? 탈의실의 용도를 떠올리면 그 이유를 알 수 있습니다. 옷을 입어 보려면 먼저 입고 있는 옷을 벗어야겠지요? 옷을 벗은 모습이 드러나지 않게 주위의 시선을 가려주는 곳이 바로 탈의실인 셈입니다.

옷 **의**

부수 衣 I 총 6획

한자 따라 쓰기 **1** 순서에 맞게 다음 한자를 써 보세요.

衣 衣 衣 衣 衣 衣

衣	衣				

한자 구별하기 **2** 다음 중 '옷 의'를 찾아 동그라미를 치세요.

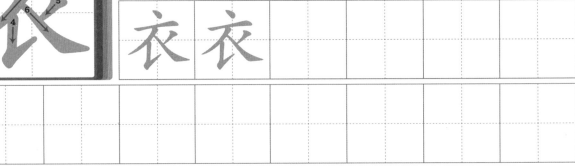

玄　依　农　衣　厎　広

✔ 티셔츠나 남방, 바지 등 모든 종류의 옷을 뜻하는 말은?

 류

✔ 몸의 위쪽(상체)에 입는 옷을 이르는 말은?

상

✔ 몸의 아래쪽(하체)에 입는 옷을 이르는 말은?

하

✔ 비에 젖지 않도록 입는 옷을 이르는 말은?

우

한자 연결하기 4 각 뜻풀이를 읽고 알맞은 단어를 찾아 바르게 연결해 보세요.

배우가 연기할 때 입는 **옷**,
겉에 입는 **옷**, 모든 **옷** ・ ・ 인상착**衣**

사람의 생김새와 **옷**차림 ・ ・ 내**衣**

속에 입는 **옷** ・ ・ **衣**상

인간 생활의 세 가지
기본 요소인 **옷**, 음식, 집 ・ ・ **衣**복

몸을 가리거나 보호하기 위해
몸에 **입는** 것 ・ ・ **衣**식주

감옥에 갇힌 죄수가 입는 **옷** ・ ・ 수**衣**

국어 속 한자 찾기 5 다음 글을 읽고 '옷 의'가 들어간 우리말에 동그라미를 치세요.

커다란 무대 장치가 빙 돌아가며 장면이 바뀌자 배우들은 다른 무대 의상으로 갈아입고 나와 연기를
펼쳤다. 이날 주인공이 입은 상의와 하의만 해도 각각 10벌 이상은 될 듯했다. "연극배우들은 옷을
재빨리 갈아입는 기술을 배워야겠는걸." 봄이가 웃으며 말하자 새롬이가 답했다. "빨리 갈아입기 좋
게 간편한 무대 의상을 만드는 기술이 필요할 것 같은데?"

QUIZ 다음 중 '옷 의'가 쓰이지 않은 단어를 찾아 동그라미를 치세요.

의류   내의   주의   의복   우의   수의

57

 오늘 배울 국어 **속** 한자

服은 주로 '옷'을 뜻하며, 이외에 '약을 먹다', '두려워하다', '복종하다', '따르다'라는 의미도 지닙니다.

옷은 원래 몸을 가리고 보호하는 기능을 하지만, 사람은 입고 있는 옷의 영향을 받기도 합니다. 가령 '군服'을 입으면 '군인답게' 행동하게 되고, '교服'을 입으면 '학생답게' 행동하게 됩니다. 이는 약을 '服용'한 사람에게 약효가 나타나는 것과 비슷합니다. 즉, 우리 몸이 옷의 제약이나 약의 효험에 저도 모르게 따르게 되는 것이지요.

옷 복

부수 月 | 총 8획

한자 따라 쓰기 **1** 순서에 맞게 다음 한자를 써 보세요.

服 服 服 服 服 服 服 服

服	服						

한자 구별하기 **2** 다음 중 '옷 복'을 찾아 동그라미를 치세요.

股　欣　服　胅　肪　肱

③ 각 질문을 읽고 알맞은 한자를 써넣어 단어를 완성해 보세요.

✔ 서양식으로 만든 옷이나 남성의 서양식 옷을 이르는 말은?

양	

✔ 어린이가 입을 수 있게 만든 옷을 이르는 말은?

아	동	

✔ 유도, 태권도 등을 할 때 입는 옷을 이르는 말은?

도	

✔ 약을 먹는 것을 뜻하는 말은?

	용

④ 각 뜻풀이를 읽고 알맞은 단어를 찾아 바르게 연결해 보세요.

옷을 꾸민 모양, 옷과 장신구 •   • 극服

악조건이나 두려운 일을 이겨 냄 •   • 服종

다른 사람의 명령이나 의견을
그대로 따름 •   • 服식

자신의 뜻을 굽혀 복종함 •   • 服장

옷을 차려입은 모양 또는 그 옷 •   • 정服

다른 나라를 무력으로 쳐서
복종시킴 •   • 굴服

⑤ 다음 글을 읽고 '옷 복'이 들어간 우리말에 동그라미를 치세요.

유럽과 아시아의 여러 지역을 정복하여 대제국을 건설한 몽골은 중국에 원나라를 세우고 고려를 침략하여 굴복시켰다. 원나라는 고려의 문화와 풍습 등을 원나라의 방식으로 바꾸려 했고, 고려는 이를 수용하기도 하고 극복하기도 했다. 고려와 원나라는 정치적 관계를 유지하면서 여러 방면에서 서로 영향을 주고받았는데, 그 흔적이 지금도 복장이나 음식, 언어 등 우리 문화에 여전히 남아 있다.

QUIZ 다음 중 '옷 복'이 쓰이지 않은 단어를 찾아 동그라미를 치세요.

복종   양복   복식   굴복   아동복   행복

큰 바다 **양**

부수 氵(水) | 총 9획

🐻 **오늘 배울 국어 속 한자**

洋은 '큰 바다'를 뜻하며, 이외에 '서양'이라는 의미도 지닙니다.

주방에서 흔히 쓰이는 '洋은 냄비'에는 왜 洋이 쓰였을까요? 은백색을 띠어 '서양의 은'이라고 불렸던 '양은'은 열전도율이 좋고 가벼운 데다 잘 깨지지 않는 소재를 말합니다. '냄비'는 일본 식기인 '나베'의 발음이 변형된 말이지요. 전통적으로 무거운 무쇠나 도자기로 솥과 뚝배기 등을 만들었던 우리에게 양은은 매우 획기적인 소재였습니다. 본래 양은은 구리-아연-니켈의 합금을 말하지만 지금 시중에 파는 양은 냄비는 양은이 아닌 알루미늄이랍니다.

한자 따라 쓰기 **1** 순서에 맞게 다음 한자를 써 보세요.

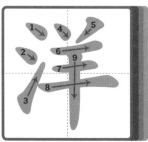

洋 洋 洋 洋 洋 洋 洋 洋 洋

洋	洋				

한자 구별하기 **2** 다음 중 '큰 바다 양'을 찾아 동그라미를 치세요.

徉　垟　胖　佯　洋　羊

✔ 아시아에 대비되는 유럽과 남북아메리카 여러 나라를 통틀어 이르는 말은?

서	

✔ 서양의 의술로 만든 약 또는 서양에서 만든 약을 이르는 말은?

	약

✔ 서양식으로 만든 활 또는 그 활로 겨루는 경기를 이르는 말은?

	궁

✔ 발을 보호하기 위해 신는 서양식 버선을 뜻하는 말은?

	말

한자 연결하기 **4** 각 뜻풀이를 읽고 알맞은 단어를 찾아 바르게 연결해 보세요.

대서양, 인도양, 남극해, 북극해와 함께 5대양을 이루는 **큰 바다**　•　　•　洋식

서양 의술, **서양** 의학을 전공한 의사　•　　•　洋의

서양식으로 만든 음식　•　　•　태평洋

서양식으로 지은 집　•　　•　洋옥

서양에 대립되는 아시아의 동부와 남부 지역　•　　•　원洋

육지에서 멀리 떨어진 넓고 **큰 바다**　•　　•　동洋

국어 ⇨ 한자 찾기 **5** 다음 글을 읽고 '큰 바다 양'이 들어간 우리말에 동그라미를 치세요.

서양과 동양이 서로 상대적인 개념을 나타내듯 우리나라에서는 '서양식'이라는 뜻의 양(洋)에 상대되는 개념으로 '한국식'이라는 의미의 한(韓)을 쓴다. 서양식 집이 양옥이라면 한국식 집은 한옥이다. 서양 음식이 양식이라면 한국 음식은 한식이다. 마찬가지로 양의, 양약의 상대어는 한의, 한약이다. '한(韓)' 대신 '국'(國)을 쓰는 경우도 있다. 양궁이 서양식 활이라면 한국식 활을 국궁이라고 한다.

QUIZ 다음 중 '큰 바다 양'이 쓰이지 않은 단어를 찾아 동그라미를 치세요.

태평양	원양	양말	양약	모양	동양

27일차

6급 II
중학교 필수

🐻 오늘 배울 국어 **속** 한자

和는 '화하다'를 뜻하며, 이외에 '화목하다', '온화하다', '사이좋다', '어울리다', '느긋하다'라는 의미도 지닙니다.

和의 훈(뜻)인 '화하다'는 '서로 사이가 좋은 상태가 되다'를 뜻합니다. '서로 뜻이 맞아 정답게 어울림'을 의미하는 '和합'을 강조하는 말이지요.

요즘은 '환경친화적'이라는 말을 일상적으로 씁니다. '친화적'은 '서로 뜻이 맞거나 사이좋게 지내는'이라는 의미로, '환경친和적'은 자연에 해를 끼치지 않고 자연환경과 조화를 이루는'을 의미하는 것이지요.

화할 **화**

부수 口 | 총 8획

한자 따라 쓰기 **1** 순서에 맞게 다음 한자를 써 보세요.

和 和 和 和 和 和 和 和

和	和						

한자 구별하기 **2** 다음 중 '화할 화'를 찾아 동그라미를 치세요.

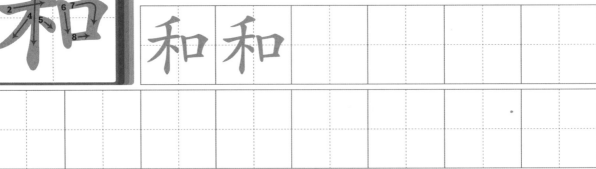

私　粘　和　秌　种　秄

한자 완성하기 3 각 질문을 읽고 알맞은 한자를 써넣어 단어를 완성해 보세요.

✓ 날씨나 바람이 온화하고 맑음을 이르는 말은?

	창

✓ 서로 사이좋게 어울리지 못함을 뜻하는 말은?

불	

✓ 좋지 않은 감정을 풀어 없애 사이가 좋아지게 함을 이르는 말은?

	해

✓ 전쟁이나 갈등 없이 평온하고 화목함을 뜻하는 말은?

	평

 한자 연결하기 4 각 뜻풀이를 읽고 알맞은 단어를 찾아 바르게 연결해 보세요.

서로 잘 **어울림** • • 和목

서로 뜻이 맞아 **사이좋고** 정다움 • • 조和

서로 **어울려** 다툼 없이 **화목하게** 됨 • • 융和

얼굴에 드러난 **온화하고** 환한 빛 • • 和음

높이가 다른 둘 이상의 음이 함께 **어울리는** 소리 • • 완和

급박하거나 긴장된 상태에서 마음을 **느긋하게** 함 • • 和색

 국어 속 한자 찾기 5 다음 글을 읽고 '화할 화'가 들어간 우리말에 동그라미를 치세요.

전쟁을 치른 두 나라가 적대와 불화를 청산하고 평화협정을 맺는 경우가 있다. 1973년에는 월남과 월맹, 1994년에는 이스라엘과 요르단이 그랬다. 하지만 남한과 북한은 한국전쟁 이후 1953년에 일시적으로 전쟁을 중단한다는 정전협정을 맺었을 뿐, 전쟁을 종식한 건 아니다. 이제 남북은 경제 교류 등 다양한 협력 사업을 통해 군사적 긴장을 완화하고 화해와 협력의 길로 나아가는 방안을 모색해야 한다.

 QUIZ 다음 중 '화할 화'가 쓰이지 않은 단어를 찾아 동그라미를 치세요.

융화	화목	화음	불화	화색	화장

오늘 배울 국어 **속** 한자

합할 합

부수 口 l 총 6획

승은 주로 '합하다'를 뜻하며, 이외에 '모으다', '맞다', '함께'라는 의미도 지닙니다.

컴퓨터 주변기기인 '복합기'에는 왜 '합할 **합**'이 쓰였을까요? 복합기는 인쇄, 복사, 스캔 기능을 모두 지닌 다용도 통신 장비를 말합니다. 여기서 복(複)은 '겹치다'를, 승은 '합하다'를 뜻하므로 복합기는 말 그대로 프린터와 스캐너, 복사기의 다양한 기능을 합쳐 하나의 기기에서 사용할 수 있도록 만든 장치를 가리키지요.

한자 따라 쓰기 **1** 순서에 맞게 다음 한자를 써 보세요.

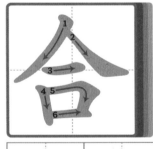

合 合 合 合 合 合

合	合					

한자 구별하기 **2** 다음 중 '합할 합'을 찾아 동그라미를 치세요.

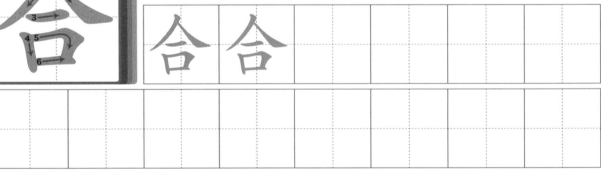

仓　会　合　舍　舍　金

✔ 여러 수를 합하여 계산하는 것을 이르는 말은?

	산

✔ 여러 가지를 뒤섞어 한데 합하는 것을 뜻하는 말은?

혼	

✔ 시험이나 일정한 조건에 맞아 통과하거나 붙는 것을 뜻하는 말은?

	격

✔ 여러 사람이 목소리를 맞추어 함께 노래를 부르는 것을 이르는 말은?

	창

한자 연결하기 4 각 뜻풀이를 읽고 알맞은 단어를 찾아 바르게 연결해 보세요.

여러 가지를 모아 하나로 **합침** •   • 合동

사람들을 한곳으로 **모음** •   • 종合

여러 사람이나 조직이 모여
행동이나 일을 **함께**함 •   • 집合

법과 규범에 **맞음** •   • 合성

둘 이상을 **합쳐서** 하나를 이룸 •   • 合법

여러 가지 악기로 **함께** 연주함 •   • 合주

국어 合 한자 찾기 5 다음 글을 읽고 '합할 합'이 들어간 우리말에 동그라미를 치세요.

토요일 오전, 우리 반은 교실에 집합해 온종일 토의를 했다. 이번 학예회 때 다른 반은 주로 합창이나 합주를 한다는데 우리 반은 아직 아무것도 결정하지 못했기 때문이다. 예선에 합격한 세 반만 본선에 진출한다고 하니 모두들 특별한 공연을 준비하자는 데는 이견이 없었지만 좀처럼 의견이 모아지지 않았다. 반장은 토의 때 제안된 의견을 종합해 내일 투표로 결정하자고 말했다.

QUIZ 다음 중 '합할 합'이 쓰이지 않은 단어를 찾아 동그라미를 치세요.

혼합	합산	합동	홍합	합주	합성

 오늘 배울 국어 속 한자

놓을 **방**

부수 攵(攴) l 총 8획

放은 '놓다', '내보내다'를 뜻하며, 이외에 '내놓다', '내쫓다', '풀리다', '매이지 않다'라는 의미도 지닙니다.

放은 '안에 가지고 있던 것을 밖으로 내놓다'를 뜻합니다. 그럼 '추放'과 '석放'은 각각 무슨 의미일까요? '석放'은 '구속된 사람을 풀어주어 밖으로 내보내다', '추放'은 '어떤 사람을 쫓아내 밖으로 내보내다'를 뜻합니다. 석放은 자유롭게 놓아주는 것이고, 추放은 강제로 내몬다는 차이점이 있지요.

放은 '총을 한 放 쏘다', '홈런을 두 放이나 터트리다', '사진을 한 放 찍다'에서처럼 횟수를 세는 단위로도 쓰입니다. 모두 '밖으로 내보내다'라는 본래의 의미에서 파생된 말이지요.

한자 따라 쓰기 **1** 순서에 맞게 다음 한자를 써 보세요.

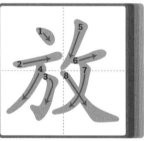

放 放 放 放 放 放 放 放

放	放						

한자 구별하기 **2** 다음 중 '놓을 방'을 찾아 동그라미를 치세요.

邡　放　旅　斺　斻　於

✔ 주로 학교에서 배움을 잠시 놓고 일정 기간 동안 수업을
쉬는 것 또는 그 기간을 이르는 말은?

	학

✔ 텔레비전이나 라디오 따위로 콘텐츠를 널리 내보냄을
뜻하는 말은?

	송

✔ 모아서 가두어 놓은 물을 터서 흘려보내는 것을 이르는 말은?

	류

✔ 자유를 억압하는 구속이나 부담으로부터 풀려나게 함을
뜻하는 말은?

해	

한자 연결하기 4 각 뜻풀이를 읽고 알맞은 단어를 찾아 바르게 연결해 보세요.

관심 밖으로 **내놓아** 둠 • • 放치

모아 둔 것을 한꺼번에 **내놓음** • • 放심

긴장하거나 조심하지 않고
마음을 **놓음** • • 放출

어디에 **매이지 않고** 이리저리
떠돌아다님 • • 개放

감옥에 있던 사람을 풀어 **내보냄** • • 석放

문 등을 활짝 열어 **놓음**,
숨김이 없음, 자유롭게 함 • • 放랑

국어 속 한자 찾기 5 다음 글을 읽고 '놓을 방'이 들어간 우리말에 동그라미를 치세요.

선생님께서 방학 숙제로 '가장 존경하는 지도자 조사하기'라는 과제를 내주셨다. 하루는 위인전을 읽
으며 누구를 조사하면 좋을지 고민하던 중 우연히 '넬슨 만델라'에 관한 방송을 보게 됐다. 아프리카
흑인 해방 운동을 이끌다 종신형을 선고받아 복역한 후, 27년 만에 석방되어 남아프리카공화국 최초
의 흑인 대통령이 된 만델라의 삶은 매우 감동적이었다. 이번 방학 숙제는 '넬슨 만델라'에 대해 조사
하기로 결정했다.

QUIZ 다음 중 '놓을 방'이 쓰이지 않은 단어를 찾아 동그라미를 치세요.

방랑	방법	해방	방치	방심	개방

 오늘 배울 국어 **속** 한자

席은 '자리(사물이나 사람이 차지하는 공간)'를 뜻합니다.

'방席'은 사람이 깔고 앉기 위해 만든 네모난 '자리'를 뜻하는 '깔개'를 말하며, '병席'은 병에 걸린 사람이 앓아누워 있는 '자리'를 뜻하고, '참席'은 어떤 모임이나 행사에서 '자리'에 참여함을 의미하지요. 席은 본래 사람이 깔고 앉는 물건(깔개)을 뜻하지만 '사람이나 사물이 차지하는 공간'이라는 의미로 확대돼 이 세 한자어도 각각 '구체적인 물건(방석)', '구체적인 공간(병석)', '있어야 할 곳(참석)'이라는 뜻을 담고 있습니다.

자리 석

부수 巾 ㅣ 총 10획

한자 따라 쓰기 **1** 순서에 맞게 다음 한자를 써 보세요.

席 席 席 席 席 席 席 席 席 席

席	席						

한자 구별하기 **2** 다음 중 '자리 석'을 찾아 동그라미를 치세요.

唇 唐 唇 度 席 庫

✔ 자리에 앉음 또는 자리에 앉으라는 구령을 뜻하는 말은?

| 착 | |

✔ 수업이나 모임 등의 자리에 나가지 않음을 뜻하는 말은?

| 결 | |

✔ 야구에서 타자가 공을 치도록 정해 놓은 자리를 이르는 말은?

| 타 | |

✔ 극장이나 영화관 따위에서 관객들이 앉는 자리를 이르는 말은?

| 객 | |

한자 연결하기 4 각 뜻풀이를 읽고 알맞은 단어를 찾아 바르게 연결해 보세요.

자리나 성적의 차례 • • 席차

앉을 수 있게 준비된 자리 • • 좌席

수업이나 모임 등의 자리에 나가 참여하는 것 • • 출席

자리를 함께 앉음 • • 즉席

자리나 성적 등에서 첫째가는 것, 가장 높은 자리 • • 수席

일이 진행되는 바로 그 자리 • • 합席

국어 ⇔ 한자 찾기 5 다음 글을 읽고 '자리 석'이 들어간 우리말에 동그라미를 치세요.

어제는 엄마와 함께 무용 공연을 보러 갔다. 객석이 거의 들어차 빈자리가 보이지 않을 정도였지만 좌석 번호를 미리 확인해 간 덕에 겨우 착석할 수 있었다. 공연이 시작하자 나는 곧바로 수석 무용수의 화려한 몸동작에 온통 넋이 나갔다. 공연 후 주최 측이 마련한 관람객과의 대화시간에는 내가 즉석에서 무대로 초대되었다. 평소 무용수가 되고 싶었던 내게는 꿈만 같은 자리였다.

QUIZ 다음 중 '자리 석'이 쓰이지 않은 단어를 찾아 동그라미를 치세요.

타석   결석   해석   합석   석차   수석

오늘 배울 국어 속 한자

쓸 고

부수 ⁺⁺(艸) | 총 9획

苦는 '쓰다'를 뜻하며, 이외에 '괴롭다', '애쓰다'라는 의미도 지닙니다.

우리 속담에 '좋은 약은 입에 쓰다'는 말이 있습니다. 같은 의미의 고사성어를 '양약苦구'라고 하지요. '양약(良藥)'은 '좋은 약'을, '苦'는 '쓰다'를, '구(口)'는 '입'을 뜻합니다. 보통 효능이 뛰어난 약은 먹기 괴로운 쓴 약일 때가 많습니다. 하지만 입에는 쓴 약이 몸에는 이로운 법이지요. 다른 사람의 비판이나 충고도 마찬가지입니다. 듣기에는 다소 불쾌할지 모르지만 실제로는 내게 도움이 되는 경우가 더 많지요. 이 같은 충고를 '苦언'이라고도 한답니다.

한자 따라 쓰기 **1** 순서에 맞게 다음 한자를 써 보세요.

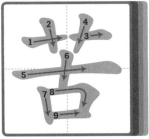

苦 苦 苦 苦 苦 苦 苦 苦 苦

苦	苦						

한자 구별하기 **2** 다음 중 '쓸 고'를 찾아 동그라미를 치세요.

芋　苦　若　苔　芰　芳

✔ 마음속에 걱정거리가 있어 괴로워하고 계속 신경 쓰이는 것을 이르는 말은?

	민

✔ 괴롭거나 어렵고 힘든 일을 겪음을 뜻하는 말은?

	생

✔ 몸이나 마음의 아픔과 괴로움을 뜻하는 말은?

	통

✔ 산모가 아이를 낳을 때에 느끼는 고통을 뜻하는 말은?

	산

한자 연결하기 4 각 뜻풀이를 읽고 알맞은 단어를 찾아 바르게 연결해 보세요.

괴로운 마음이나 사정 •   • 苦심

몹시 힘들고 괴로운 일 •   • 苦충

마음을 괴롭게 함, 해결하기
어려운 일에 대해 애쓰며 생각함 •   • 苦역

괴롭고 어려움 •   • 노苦

힘들여 수고하고 애씀 •   • 苦난

쓴 술이 든 잔,
괴롭고 쓰린 경험 •   • 苦배

국어 속 한자 찾기 5 다음 글을 읽고 '쓸 고'가 들어간 우리말에 동그라미를 치세요.

미국인들이 가장 존경하는 대통령으로 꼽는 링컨은 낙선을 많이 한 것으로 유명하다. 그는 23세 때 출마한 주의회 선거를 포함해 모두 9차례나 낙선의 고배를 마신 것으로 알려져 있다. 갖은 고생을 하며 독학으로 변호사 시험에 합격하는 쾌거를 이루기도 했으나 잇단 낙선은 굳은 의지로는 해결할 수 없었던 큰 고민거리였다. 노예제도를 폐지해 미국사를 다시 쓴 위대한 대통령인 링컨에게도 고난의 시기가 있었던 것이다.

QUIZ 다음 중 '쓸 고'가 쓰이지 않은 단어를 찾아 동그라미를 치세요.

노고	고심	고통	산고	고집	고배

71

오늘 배울 국어 속 한자

기다릴 대

부수 彳 | 총 9획

待는 '기다리다'를 뜻하며, 이외에 '대비하다', '대하다', '대접하다'라는 의미도 지닙니다.

'待기'의 待는 '기다리다', '待피'의 待는 '대비하다', '냉待'와 '우待'의 待는 '대하다, 대접하다'라는 의미로 쓰였습니다. 待가 쓰인 이 한자어들은 의미상 어떤 연관이 있을까요? '기다리다'와 '대비하다'는 아직 일어나지 않은 상황과 관련이 있다면, '대하다', '대접하다'는 이미 일어난 상황과 관련이 있습니다. 가령 친구를 집에 초대했는데 친구가 아직 오지 않았다면 미리 '대비하여' 갖추어 놓고 '기다려야' 하고, 친구가 온 뒤라면 예우를 갖춰 잘 '대하여 대접해야' 하지요.

한자 따라 쓰기 **1** 순서에 맞게 다음 한자를 써 보세요.

待 待 待 待 待 待 待 待 待

待	待				

한자 구별하기 **2** 다음 중 '기다릴 대'를 찾아 동그라미를 치세요.

侍　诗　特　恃　秲　待

한자 완성하기 3 각 질문을 읽고 알맞은 한자를 써넣어 단어를 완성해 보세요.

✔ 어떤 일이 이루어지기를 바라며 기다림을 뜻하는 말은?

기	

✔ 손님을 불러서 대접함을 이르는 말은?

초	

✔ 순서나 기회를 기다림을 뜻하는 말은?

	기

✔ 피해를 입지 않기 위해 안전한 곳으로 일시적으로 피함을 이르는 말은?

	피

한자 연결하기 4 각 뜻풀이를 읽고 알맞은 단어를 찾아 바르게 연결해 보세요.

어떤 태도로 사람을 **대하는** 일 •　　　• 냉**待**

정 없이 차갑게 **대함** 또는
그런 **대접** •　　　• **待**우

존경하여 받들어 **대함** •　　　• 존**待**

특별히 잘 **대우 함** 또는 그런 **대우** •　　　• **待**접

예의를 차려 **대함**, 손님을 맞이함 •　　　• 우**待**

몹시 괴롭히고 못살게 **대함** •　　　• 학**待**

국어 ⇨ 한자 찾기 5 다음 글을 읽고 '기다릴 대'가 들어간 우리말에 동그라미를 치세요.

새롬이와 다툰 건 며칠 전 초대 받은 생일 파티 전날이었다. 파티에 가지 말까? 하지만 제일 친한 친구인데. 봄이는 용기를 내기로 했다. 좋은 대접을 기대하는 건 아니다. 새롬이가 날 냉대하지만 않으면 좋겠다는 생각뿐이다. 새롬이네 집 앞에서 떨리는 손으로 초인종을 눌렀다. 내 목소리를 들은 새롬이가 맨발로 뛰어나왔다. "봄아! 너 안 올까 봐 걱정했잖아. 와 줘서 고마워."

QUIZ 다음 중 '기다릴 대'가 쓰이지 않은 단어를 찾아 동그라미를 치세요.

존대	우대	대기	대피	냉대	침대

33일차

6급 II
중학교 필수

 오늘 배울 국어 속 한자

會는 주로 '모이다'를 뜻하며, 이외에 '모임', '시기'라는 의미도 지닙니다.

'어떤 일을 하는 데 적절한 시기'를 뜻하는 '기會'에는 왜 '모일 **회**'가 쓰였을까요? 어떤 일을 하기 위한 적절한 조건이 마련되었을 때 우리는 드디어 '기회'가 왔다고 말합니다. 여기서 '기(機)'는 어떤 일을 해내기 위한 '기틀'을 뜻하며, 이 '기틀'은 '중요한 밑받침, 계기, 조건'을 의미하지요. 이 기틀을 충분히 마련해 놓아야 마침내 기회가 왔을 때 놓치지 않고 붙잡을 수 있답니다.

모일 **회**

부수 曰 | 총 13획

한자 따라 쓰기 *1* 순서에 맞게 다음 한자를 써 보세요.

會 會 會 會 會 會 會 會 會 會 會 會 會

會 會

한자 구별하기 *2* 다음 중 '모일 회'를 찾아 동그라미를 치세요.

盒 曾 會 畲 舍 貪

✔ 여럿이 모여 의논하는 것 또는 그런 모임을 뜻하는 말은?

	의

✔ 기술이나 재주를 겨루는 큰 모임을 이르는 말은?

대	

✔ 모임을 운영하기 위해 회원들이 내는 돈을 뜻하는 말은?

	비

✔ 국민으로부터 선출 된 의원으로 구성된 입법기관 또는 국회의원들이 함께 모여 회의하는 곳을 이르는 말은?

국	

한자 연결하기 **4** 각 뜻풀이를 읽고 알맞은 단어를 찾아 바르게 연결해 보세요.

어떤 일을 하기에
가장 알맞은 **시기**나 경우   •   • 조會

모임을 구성하고 있는 사람들   •   • 會원

학교 등에서 아침에 모두
한자리에 **모이는** 일   •   • 기會

여럿이 **모여** 함께 살아가는 집단   •   • 會장

모임을 대표하고 책임지는 사람   •   • 사會

회의나 **모임**을 시작함   •   • 개會

국어 ❖ 한자 찾기 **5** 다음 글을 읽고 '모일 회'가 들어간 우리말에 동그라미를 치세요.

우리 동아리는 회원이 여덟 명이다. 2주에 한 번씩 정기적으로 회의도 한다. 이번에는 규섭이가 새 회장이 되었다. 우리 동아리는 국악 모임 '늴리리'다. 규섭이는 이번 기회에 전국국악경연대회 출전을 연 2회에서 4회로 늘리자고 제안했다. 그러자 연습량을 늘리려면 더 자주 모여야 하므로 회비도 올리자는 의견이 나왔다.

QUIZ 다음 중 '모일 회'가 쓰이지 않은 단어를 찾아 동그라미를 치세요.

조회	사회	개회	회전	회원	국회

오늘 배울 국어 **속** 한자

社는 '모이다'를 뜻하며, 이외에 '단체', '모임', '회사'라는 의미도 지닙니다.

같은 한자를 순서만 뒤바꿔 쓴 '社會'와 '會社'는 어떻게 다를까요? '社회'가 공동으로 생활하는 여러 형태의 집단이나 조직, 모임 등을 모두 아우르는 말이라면, '회社'는 이들 집단 가운데서도 '이익을 얻기 위해 모인 단체'만을 가리키는 말입니다. 이런 차이는 뒤에 오는 한자의 의미에 강조점을 두기 때문인데요. '사會'의 會(모일 회)와 '회社'의 社 둘 다 기본 뜻은 '모이다'이지만, 여기서 社는 '토지신에게 제사를 지내기 위해 모인 특정한 집단을 가리킵니다.

모일 사

부수 示 | 총 8획

한자 따라 쓰기 **1** 순서에 맞게 다음 한자를 써 보세요.

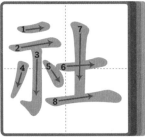

社 社 社 社 社 社 社

社 社

한자 구별하기 **2** 다음 중 '모일 사'를 찾아 동그라미를 치세요.

杜　祛　社　社　祖　祈

✔ 본부가 있는 회사를 지사나 지국에 상대하여 이르는 말은?

본	

✔ 회사를 이끌어가는 사람을 뜻하는 말은?

	장

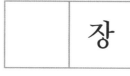

✔ 직원이 다니던 회사를 그만두고 떠나는 것을 이르는 말은?

퇴	

✔ 비행기로 사람을 태워 보내거나 물건을 실어 보내는 일을 하는 회사를 이르는 말은?

항	공	

한자 연결하기 4 각 뜻풀이를 읽고 알맞은 단어를 찾아 바르게 연결해 보세요.

회사의 안   •   • 社내

회사에서 일하는 사람   •   • 社교

사람들과 **모여서** 어울려 사귐   •   • 社원

취직하여 **회사**에 들어감   •   • 출판社

신문 등에서 그 **사**의 주장 또는 의견을 써 놓은 글   •   • 입社

책을 만들어 세상에 내놓는 일을 하는 **회사**   •   • 社설

국어 ⇨ 한자 찾기 5 다음 글을 읽고 '모일 사'가 들어간 우리말에 동그라미를 치세요.

봄이네 부모님은 같은 출판사에서 근무하셨다. 두 분이 회사에서 사내 연애를 하신 것이다. 엄마가 처음 입사하실 때부터 아빠는 엄마를 마음에 두셨다고 한다. 동료 사원들은 두 분이 결혼을 발표하기 전까지 이 사실을 까맣게 몰라 청첩장을 받고는 크게 놀라워했다고 아빠가 웃으며 말씀하셨다. 결혼식 주례도 사장님이 맡아 주셨다고 한다. 부모님께서는 지금도 종종 그때를 떠올리며 웃음을 짓곤 하신다.

QUIZ 다음 중 '모일 사'가 쓰이지 않은 단어를 찾아 동그라미를 치세요.

사교	퇴사	사설	항공사	역사	입사

 오늘 배울 국어 **속** 한자

集은 '모으다', '모이다'를 뜻합니다.

'시集'은 시를 엮은 책을, '소설集'은 소설을 엮은 책을, '평론集'은 평론을 엮은 책을 말합니다. 그럼 '전集'은 무엇을 가리킬까요? '전(全)'은 '온전하다'를 뜻하므로 '있는 그대로 고스란히 모아 놓은 책'을 말합니다. 즉, '작가의 온갖 저작물을 전부 모은 것'을 의미하지요. 가령 김소월 전집은 김소월의 시뿐 아니라 소설, 평론, 편지, 산문, 번역 등 김소월의 글을 한데 모아 놓은 책을 가리킵니다.

모을 **집**

부수 隹 | 총 12획

한자 따라 쓰기 1 순서에 맞게 다음 한자를 써 보세요.

集 集 集 集 集 集 集 集 集 集 集 集

集	集				

한자 구별하기 2 다음 중 '모을 집'을 찾아 동그라미를 치세요.

隽 隻 隼 雋 雔 集

✔ 여럿이 모여서 이룬 단체를 뜻하는 말은?

 단

✔ 한 곳이나 한 대상에 쏠림 또는 한 가지에 모든 힘을 모아 쏟아부음을 뜻하는 말은?

중

✔ 동식물이나 곤충 등을 널리 찾아서 얻거나 캐거나 잡아 모으는 것을 이르는 말은?

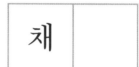 채

✔ 빈틈없이 빽빽하게 모인 것을 이르는 말은?

밀

하나에 집중하여 **모음**,
한데 **모아서** 요약함 •

• 모集

사람이나 물품 등을 일정한 조건
아래 널리 구하여 **모음** •

• 전集

한 사람 또는 같은 종류나 시대의
작품을 한데 **모아** 출판한 책 •

• 集약

한곳으로 **모이거나 모음** •

• 수集

취미나 연구를 위하여 여러 재료나
물건들을 찾아서 **모으는** 것 •

• 集회

여러 사람이 한 목적을 위해
잠시 **모임** 또는 그런 **모임** •

• 集합

감염병이 전국적으로 확산될 때 가장 중요한 행동 방침은 모임을 피하는 것이다. 사람들이 집합하는 곳에서 집단 발병이 자주 발생하는 것만 봐도 많은 사람이 밀집한 공간에서는 바이러스가 빠르게 전파된다는 걸 알 수 있다. 감염병 확산을 방지하려면 강도 높고 집중적인 사회적 거리 두기로 단기간에 발병률을 낮추는 것이 최선이다.

QUIZ

다음 중 '모을 집'이 쓰이지 않은 단어를 찾아 동그라미를 치세요.

| 밀집 | 채집 | 모집 | 수집 | 집약 | 고집 |

36일차

6급 II
중학교 필수

 오늘 배울 국어 **속** 한자

計는 '(수효를) 세다'를 뜻하며, 이외에 '계산하다', '계획', '재다', '헤아리다', '꾀하다'라는 의미도 지닙니다.

'장차 할 일을 미리 구상해 두는 것'을 뜻하는 '計획'과 '계획을 세움'을 뜻하는 '설計'의 計는 '(수효를) 세다'와 어떤 관련이 있는 걸까요? '計획'과 '설計' 모두 앞으로 할 일을 미리 헤아리는 행위를 말합니다. '(수효를) 세다'라는 기본 뜻에서 '앞일을 가늠하거나 미루어 생각하다'라는 의미로 확대된 것이지요.

셀 **계**

부수 言 | 총 9획

한자 따라 쓰기 1 순서에 맞게 다음 한자를 써 보세요.

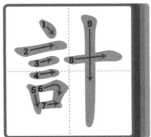

計 計 計 計 計 計 計 計 計

計 計

한자 구별하기 2 다음 중 '셀 계'를 찾아 동그라미를 치세요.

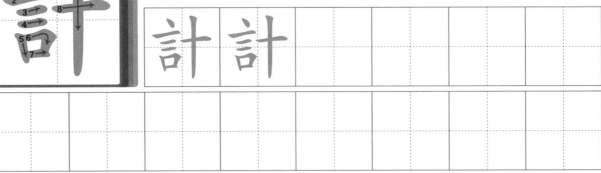

訊 訊 訐 計 訂 訮

✔ 수를 세거나 더하기, 빼기, 곱하기, 나누기 등의 셈을
   뜻하는 말은?

	산

✔ 수량을 헤아리거나 부피나 무게 등을 재는 것을
   뜻하는 말은?

	량

✔ 몸무게를 재는 데에 쓰는 저울을 이르는 말은?

체	중	

✔ 시간을 재거나 시각을 나타내는 기구를 이르는 말은?

시	

한자 연결하기 **4** 각 뜻풀이를 읽고 알맞은 단어를 찾아 바르게 연결해 보세요.

계산한 것을 모두 모음 • • 計좌

앞으로 할 일에 대해 **계획**을 세움,
제작이나 건립 **계획**을 미리 • • 설計
도면에 그림

은행에서 고객의 예금을
계산하여 기록한 것 • • 집計

어떤 일을 이루기 위한 **꾀** • • 통計

어떤 현상을 알아보기 쉽게
일정한 체계로 **계산하여** • • 회計
숫자로 나타냄

나가고 들어오는 돈을
따져서 **계산함** • • 計략

국어 ⇨ 한자 찾기 **5** 다음 글을 읽고 '셀 계'가 들어간 우리말에 동그라미를 치세요.

발표를 할 때는 조사 결과를 한눈에 알아볼 수 있도록 통계와 도표를 사용하는 것이 좋다. 가령 우리
반 친구들의 체중 변화에 대한 발표 준비는 다음과 같은 단계로 나눌 수 있다. 우선 조사에 참여할
친구들을 모아 조사 계획을 세운다. 둘째, 체중계로 친구들의 몸무게를 잰다. 셋째, 매주 계량 자료
를 모아 집계 후 평균을 낸다. 마지막으로 통계를 표나 도표로 작성하여 몸무게 변화를 발표한다.

QUIZ 다음 중 '셀 계'가 쓰이지 않은 단어를 찾아 동그라미를 치세요.

계략	회계	집계	세계	시계	계좌

37일차

6급
중학교 필수

오늘 배울 국어 속 한자

畫

그림 **화**, 그을 **획**

부수 田 | 총 12획

畫는 '그림', '그리다', '영상'을 뜻할 때는 '**화**'로 읽고, '긋다'를 뜻할 때는 '**획**'으로 읽습니다.

'영畫'의 '영(映)'은 '(빛을) 비추다'를 의미하므로 '영畫'를 그대로 풀이하면 '그림을 비추다'를 뜻합니다. 하지만 우리가 알고 있는 영화는 '정지된 그림'이 아니라 '움직이는 그림'에 더 가깝지요. 연속 촬영한 여러 장면들을 빠른 속도로 영사막에 비추면 눈이 착시를 일으켜 해당 장면들이 마치 움직이는 것처럼 보이기 때문입니다. 정지된 여러 장면들을 짧은 시간 내에 빠르게 보여주는 것이지요. 이것이 바로 영화의 원리입니다.

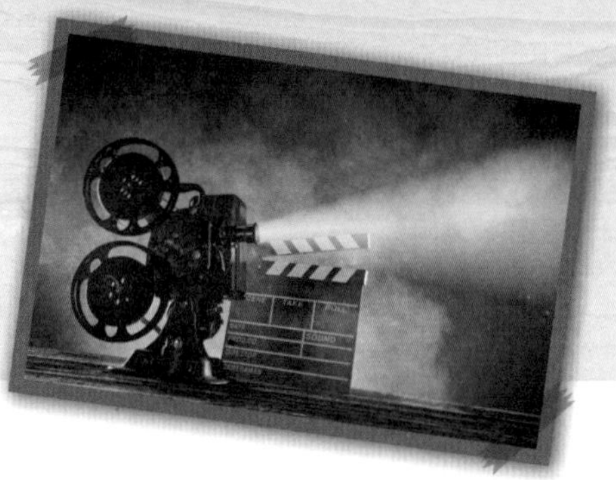

한자 따라 쓰기 1 순서에 맞게 다음 한자를 써 보세요.

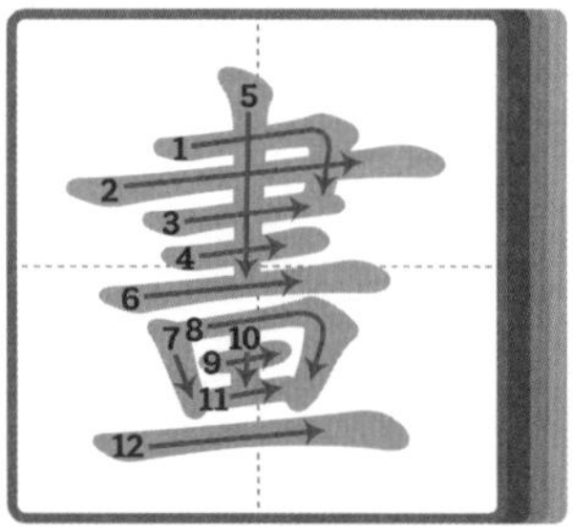

畫 畫 畫 畫 畫 畫 畫 畫 畫 畫 畫 畫

畫 畫

한자 구별하기 2 다음 중 '그림 화, 그을 획'을 찾아 동그라미를 치세요.

[illegible] 書 晝 畫 畺 曹

✔ 그림으로 예술 작품을 만드는 사람을 이르는 말은?

 가

✔ 그림이나 사진을 찍어서 인쇄한 종이를 이르는 말은?

보

✔ 사물의 움직임이나 모습 등의 영상을 기록하는 것을 뜻하는 말은?

녹

✔ 이야기를 과장하거나 재미있게 표현한 그림으로 대화를 끼워 넣어 표현한 것을 이르는 말은?

만

한자 연결하기 **4** 각 뜻풀이를 읽고 알맞은 단어를 찾아 바르게 연결해 보세요.

화가가 **그림 그리는** 일을 하는 방 •   • 畫면

글자를 쓰기 위해 **그은** 획의 수 •   • 畫실

TV나 컴퓨터 같은 것에 나타나는 **그림**이나 **영상** •   • 畫수

영상을 촬영해서 스크린을 통해서 보는 것 •   • 회畫

선이나 색을 칠해서 **그린 그림** •   • 판畫

나무, 금속 등의 판면에 그림을 새겨 물감을 칠해 찍어내는 **그림** •   • 영畫

국어 ⇨ 한자 찾기 **5** 다음 글을 읽고 '그림 화, 그을 획'이 들어간 우리말에 동그라미를 치세요.

봄이는 친구들과 함께 예술가로 활동하시는 이모의 화실에 다녀왔다. 이모는 원래 회화나 판화 작업을 주로 하셨지만, 요즘은 영상을 이용한 비디오 아트에 전념하신다고 한다. 그래서인지 작업실에는 캔버스보다 모니터가 더 많았다. 친구들과 찾아뵀을 때도 모니터 화면에서 다양한 영상이 흘러나오고 있었다. 이모를 화가로 처음 알게 된 사람들이 많지만 지금은 비디오 아티스트로 더 잘 알려져 있다.

QUIZ

다음 중 '그림 화, 그을 획'이 쓰이지 않은 단어를 찾아 동그라미를 치세요.

녹화   화면   화장   만화   획수   화보

 오늘 배울 국어 **속** 한자

손자 **손**
부수 子 I 총 10획

孫은 주로 '손자'를 뜻하며, 이외에 '자녀, 자식', '자손, 후손'이라는 의미도 지닙니다. '손자'는 3대 이상의 자녀를 말하는데, 부모와 자식 사이가 이어지면 '2대', 조부모와 부모, 손자로 이어지면 '3대'라고 하지요.

'孫자'는 자식의 아들을, '孫녀'는 자식의 딸을 가리킵니다. 그럼 '孫주'는 무슨 뜻일까요? 예전에는 '손주'를 '손자'의 잘못된 표현으로 여겼지만, 2011년부터 두 말의 의미가 다르다는 이유로 손주도 표준어로 등록되었습니다. '孫주'는 손자와 손녀를 아울러 이르는 말로, '주'는 한자가 아닌 순우리말이랍니다.

한자 따라 쓰기 **1** 순서에 맞게 다음 한자를 써 보세요.

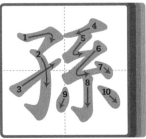

孫 孫 孫 孫 孫 孫 孫 孫 孫

孫	孫				

한자 구별하기 **2** 다음 중 '손자 손'을 찾아 동그라미를 치세요.

孖　孤　孩　孫　孫　孜

3 각 질문을 읽고 알맞은 한자를 써넣어 단어를 완성해 보세요.

✔ 아들과 손자 또는 여러 세대 뒤에 태어난 자녀를 통틀어
  이르는 말은?

자	

✔ 할아버지와 손자 또는 조부모와 손주를 아울러 이르는 말은?

조	

✔ 자녀가 낳은 딸을 이르는 말은?

	녀

✔ 자녀가 낳은 아들을 이르는 말은?

	자

4 각 뜻풀이를 읽고 알맞은 단어를 찾아 바르게 연결해 보세요.

임금의 **손자**나 **후손**   •   • 왕**孫**

임금의 맏**손자**   •   • 장**孫**

맏이가 되는 **손자**   •   • 세**孫**

딸이 낳은 **자녀**, 외**손자** 외손녀 •   • 후**孫**

아들이 낳은 **자녀**, 친**손자** 친손녀 •   • 외**孫**

자신의 세대에서 여러 세대가
지난 이후에 태어난 **자녀** 모두   •   • 친**孫**

5 다음 글을 읽고 '손자 손'이 들어간 우리말에 동그라미를 치세요.

작년에 알 수 없는 이유로 세자가 죽었는데 세손마저 위중하니 임금은 걱정이 태산 같다. 대신들은
친손이고 외손이고 가릴 것 없이 임금의 다른 손자 중 총명한 아이를 택해 왕손을 이을 준비를 해야
한다고 주장하지만, 임금은 그들의 속내를 잘 안다. 그렇게 선택한 왕손은 대신들의 꼭두각시가 될
것이고, 결국 왕권은 약해질 것이다. 임금은 어떤 결정을 하게 될까.

QUIZ   다음 중 '손자 손'이 쓰이지 않은 단어를 찾아 동그라미를 치세요.

후손   겸손   손녀   외손   조손   자손

39일차

6급 II
중학교 필수

 ## 오늘 배울 국어 속 한자

勇은 '날래다(빠르다)'를 뜻하며, 이외에 '용감하다', '용기가 있다'라는 의미도 지닙니다.

'무勇담'은 '무용'에 관한 이야기를 말합니다. 그럼 '무용'은 음악에 맞춰 춤을 추는 것을 뜻하는 걸까요? 여기서 '무勇'은 '무예와 용맹'을 말합니다. 본래 '무勇담'은 전쟁터에서 무예와 용맹으로 큰 공을 세우고 돌아온 병사가 전장에서 활약한 이야기를 뜻합니다. 오늘날에는 전쟁터에서 싸운 일이라기보다 용감하게 해낸 자신의 활약상을 이야기하는 것을 가리키지요.

날랠 용

부수 力 | 총 9획

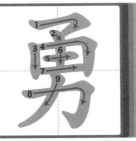

한자 따라 쓰기 **1** 순서에 맞게 다음 한자를 써 보세요.

勇勇勇勇勇勇勇勇勇

勇	勇				

한자 구별하기 **2** 다음 중 '날랠 용'을 찾아 동그라미를 치세요.

粵　男　募　勇　劵　勇

86 국어 속 한자 39일차

✔ 용기가 있고 씩씩함을 이르는 말은?

	감

✔ 용감한 군사를 이르는 말은?

	병

✔ 씩씩하고 힘찬 기운 또는 사물을 무서워하지 않는
용감함을 뜻하는 말은?

	기

✔ 용감하고 씩씩한 사람 또는 용감한 병사를 뜻하는 말은?

	사

한자 연결하기  각 뜻풀이를 읽고 알맞은 단어를 찾아 바르게 연결해 보세요.

용감하고 날래며 사나움 • • 만**勇**

용기 있게 결단을 내림 • • **勇**맹

위험한 일에 함부로 나서는
지나친 **용기** • • **勇**단

용감한 자 • • 무**勇**담

조금도 꺼리지 않고
용기 있게 물러남 • • **勇**퇴

어려운 일을 **용감하게**
활약한 이야기 • • **勇**자

국어 속 한자 찾기 **5** 다음 글을 읽고 '날랠 용'이 들어간 우리말에 동그라미를 치세요.

모두 용감하게 싸울 때 혼자 도망가는 병사는 비겁한 사람이지만, 자신을 용맹스러운 중세 기사로
착각하고 풍차로 달려들곤 무용담을 늘어놓는 돈키호테는 만용을 부리는 사람이라 할 수 있다. 아리
스토텔레스가 주장하는 '중용'은 만용과 비겁의 중간이다. 그는 모자라지도 않고 지나치지도 않은,
상황에 알맞은 적절한 용기를 '중용'이라고 불렀다.

QUIZ 다음 중 '날랠 용'이 쓰이지 않은 단어를 찾아 동그라미를 치세요.

용병	용퇴	용사	용맹	용단	용서

87

오늘 배울 국어 **속** 한자

가르칠 **훈**

부수 言 Ⅰ 총 10획

訓은 주로 '가르치다'를 뜻하며, 이외에 '타이르다', '훈계'라는 의미도 지닙니다.

'가訓'은 '한 집안의 가르침'을 뜻하고, '급訓'은 '한 학급에서 중시하는 가르침'을 뜻하지요. 이처럼 訓은 주로 윗사람이 아랫사람을 지도하여 바람직한 길로 이끌어주는 것을 의미합니다. 그에 반해 '訓수'는 부정적인 의미로 쓰일 때가 많습니다. 본래 바둑을 구경하는 사람이 바둑을 두는 사람에게 '여기에 두면 좋다'고 '수를 가르쳐주는 것'을 뜻하지만, 지금은 주로 '남의 일에 끼어들어 가르치듯 이래라저래라 하는 말'이라는 의미로 쓰이지요.

급 훈
자랑하는 사람이 되자
협동하는 사람이 되자
근로하는 사람이 되자

한자 따라 쓰기 **1** 순서에 맞게 다음 한자를 써 보세요.

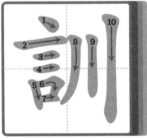

訓 訓 訓 訓 訓 訓 訓 訓 訓 訓

訓 訓

한자 구별하기 **2** 다음 중 '가르칠 훈'을 찾아 동그라미를 치세요.

圳　　 㳇　　 珋　　 牭　　 釗　　 訓

각 질문을 읽고 알맞은 한자를 써넣어 단어를 완성해 보세요.

✔ 가르치고 되풀이하여 익히게 하는 것을 이르는 말은?

	련

✔ 학교의 교육 목표를 나타내는 가르침을 뜻하는 말은?

교	

✔ 서당에서 학생들에게 글을 가르치는 스승을 이르는 말은?

	장

✔ 백성들을 가르치는 바른 소리라는 뜻으로, 세종대왕이 창제한 우리나라 글자를 이르는 말은?

	민	정	음

각 뜻풀이를 읽고 알맞은 단어를 찾아 바르게 연결해 보세요.

성품이나 도덕 등을 **가르쳐** 길러냄 • • 訓육

학급에서 교육 목표를 나타낸 **가르침** • • 訓수

남의 일에 끼어들어 이래라저래라 **가르치는** 말 • • 급訓

교훈이나 **가르침**을 주는 말 • • 訓계

타일러서 앞으로 잘못하지 않도록 주의시킴 • • 訓방

가벼운 죄를 지은 사람을 **훈계하여** 풀어 줌 • • 訓화

다음 글을 읽고 '가르칠 훈'이 들어간 우리말에 동그라미를 치세요.

오늘 조회 시간에 교장 선생님께서 학교와 학원의 차이를 말씀해주셨다. 학원은 주로 지식이나 기술을 훈련시키지만 학교는 성품과 덕성까지 훈육한다는 차이점이 있다고 하시며 학교의 운영 방식은 학원과 달라야 한다고 강조하셨다. 교장 선생님의 훈화 말씀은 보통 비슷비슷한 내용의 훈계일 때가 대부분이라 귀에 잘 들어오지 않을 때도 있지만 오늘은 많은 친구들이 교장 선생님의 말씀에 귀를 기울였다.

다음 중 '가르칠 훈'이 쓰이지 않은 단어를 찾아 동그라미를 치세요.

훈육   훈훈   교훈   훈방   훈장   가훈

1 〈보기〉에서 각 빈칸에 알맞은 한자와 뜻을 찾아 써 보세요.

보기 待ㅣ和ㅣ放ㅣ式ㅣ社ㅣ訓ㅣ苦ㅣ合ㅣ衣ㅣ計
자리 석ㅣ법식 례ㅣ모일 회ㅣ손자 손ㅣ예도 례ㅣ날랠 용ㅣ큰 바다 양ㅣ그림 화, 그을 획ㅣ옷 복ㅣ모을 집

例	禮			服	洋				席
		법식	옷 의			화할 화	합할 합	놓을 방	

	會		集		畫	孫	勇		
쓸 고	기다릴 대		모일 사		셀 계				가르칠 훈

2 각 한자의 틀린 부분을 찾아 바르게 고쳐 써 보세요.

列	禮	式	衣	服	羊	和	合	放	庸
법식 례	예도 례	법식	옷 의	옷 복	큰 바다 양	화할 화	합할 합	놓을 방	자리 석

若	侍	會	杜	隼	訐	書	孫	勇	訓
쓸 고	기다릴 대	모일 회	모일 사	모을 집	셀 계	그림 화, 그을 획	손자 손	날랠 용	가르칠 훈

3 각 빈칸에 알맞은 한자와 뜻을 써 보세요.

		式	衣		和	合	放	
법식 례	예도 례		옷 복	큰 바다 양				자리 석

苦	待		社	計			訓
		모일 회		모을 집	그림화, 그을획	손자 손	날랠 용

[4~5] 다음 글을 읽고 문제에 답하세요.

양반과 평민이라는 신분 제도가 있던 옛날에는 ㉠**옷**을 입는 것도 신분에 따라야 했다. 평민은 아무리 돈이 많아도 양반의 **①의복**을 입을 수 없었다. 하지만 딱 하루, 일가친척이 다 ㉡**모여** 예를 갖추어 치르는 결혼하는 날은 예외다. 결혼 **②예식**에서 신랑은 양반 관리가 조정에서 입는 관복을, 신부는 공주가 입는 원삼이나 활복을 결혼 **③예복**으로 입을 수 있었다.

서구 문물이 들어온 지 100여 년이 지난 지금은 모든 문화가 서양식으로 변했고, 결혼 문화도 예외가 아니다. 그런데 결혼식 때 보통 신랑은 **④양복**을 입고 신부는 하얀 드레스를 입지만, 폐백이라는 의식을 행하는 ㉢**자리**에서 신랑 신부는 전통 혼례 복장을 한다. 신랑은 조정의 관리가 되고, 신부는 공주가 되어 예식을 치르는 전통 결혼 문화의 흔적이 아직 남아있는 것이다.

4 글 중 ① ~ ④에 해당하는 우리말을 한자로 써 보세요.

❶ _____ ❷ _____ ❸ _____ ❹ _____

5 다음 중 ㉠–㉡–㉢의 뜻을 가진 한자를 골라 보세요.

① 放 - 會 - 社   ② 衣 - 會 - 席   ③ 衣 - 計 - 席   ④ 衣 - 會 - 放

오늘 배울 국어 **속** 한자

成은 주로 '이루다'를 뜻하며, 이외에 '되다', '성공'이라는 의미도 지닙니다.

'어른'을 뜻하는 '成인'에는 왜 '이룰 **성**'이 쓰였을까요? '成 인'은 그대로 풀이하면 '이룬 사람'을 말합니다. 그렇다면 무 엇을 이루었다는 뜻일까요? 여기서 '이루다'는 일정 과정을 다 거치고 난 상태를 뜻하는 말로 '갖추어지다' 또는 '완성되 다'라는 의미에 가깝습니다. 한 사람이 신체적 정신적으로 성장하는 기간을 거쳐 마침내 어른이 된 결과를 두고 '이루 다'라고 표현한 것이지요.

이룰 **성**
부수 戈 | 총 7획

한자 따라 쓰기 **1** 순서에 맞게 다음 한자를 써 보세요.

成 成 成 成 成 成 成

成	成				

한자 구별하기 **2** 다음 중 '이룰 성'을 찾아 동그라미를 치세요.

戍　戎　成　或　成　伐

✔ 여러 부분을 모아 하나로 만들어서 이루어진 것을
뜻하는 말은?

✔ 두 가지 이상의 것을 합쳐서 한 가지 상태를 이룸을 뜻하는
말은?

합

✔ 학생들이 공부한 것을 시험 등으로 평가한 결과를
이르는 말은?

 적

✔ 다른 사람의 행동이나 생각, 제안 따위가 옳다고 동의해
뜻을 같이 하는 것을 이르는 말은?

 찬

한자 연결하기 **4** 각 뜻풀이를 읽고 알맞은 단어를 찾아 바르게 연결해 보세요.

목적대로 일을 **이루어 냄** •   • 결**成**

모임이나 단체 등을
조직하여 **이룸** •   • **成**취

실력, 역량 등을 길러서
발전을 **이룸** •   • 양**成**

어떤 일에 **성공**과 실패 •   • **成**패

목적한 것을 **이루어** 다다름 •   • **成**숙

몸과 마음이 자라서
어른스럽게 **됨** •   • 달**成**

국어 ⇔ 한자 찾기 **5** 다음 글을 읽고 '이룰 성'이 들어간 우리말에 동그라미를 치세요.

독립 운동의 성패는 사람들을 모아 작은 조직을 결성하고, 각 조직들이 힘을 모아 국가와 같은 더 큰
형태를 구성하여 일본제국주의에 대항하는 힘을 길러가는 것에 달려 있다. 독립을 단기간에 성취해
낼 수 없다면 후대를 양성하여 독립을 달성하는 그날까지 세대를 이어 지속적이고 장기적인 투쟁을
멈추지 않아야 할 것이다.

QUIZ 다음 중 '이룰 성'이 쓰이지 않은 단어를 찾아 동그라미를 치세요.

합성   성숙   찬성   성패   성적   성실

오늘 배울 국어 속 한자

공 공

부수 力 l 총 5획

功은 '공, 공로', '공적'을 뜻합니다.

'성功'과 '功로'에 쓰인 功은 의미가 다소 다릅니다. '성功'은 '공을 이루다'를 뜻하며, 여기서 功은 일이 다 이루어진 후의 결과, 즉 '공적'을 의미합니다. 반면 '功로'는 '노력과 수고'라는 뜻으로, 여기서 功은 일을 이루어내기 위해 들인 '노력'을 뜻하지요. 즉, 功은 '어떤 일을 이루기 위해 들인 노력과 수고', '어떤 일이나 목적을 이룬 결과인 공적'이라는 두 가지 뜻을 담고 있습니다.

한자 따라 쓰기 1 순서에 맞게 다음 한자를 써 보세요.

功功功功功

功	功						

한자 구별하기 2 다음 중 '공 공'을 찾아 동그라미를 치세요.

叩　巧　邛　功　玏　玒

✔ 원하거나 목적한 것을 이룸을 뜻하는 말은?

성	

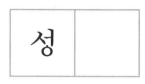

✔ 나라를 위하여 특별한 공을 세운 신하 또는 어떤 일의 목적을 이루기 위해 크게 기여한 사람을 이르는 말은?

	신

✔ 명예욕과 이욕(이익을 탐내는 욕심) 또는 공적과 이익을 뜻하는 말은?

	리

✔ 어떤 일을 이루는 데 공적이 있는 사람을 이르는 말은?

유	자

한자 연결하기 **4** 각 뜻풀이를 읽고 알맞은 단어를 찾아 바르게 연결해 보세요.

일이나 목적을 이루기 위해 바친 **수고와 노력** •   • **功**덕

착한 일을 하여 쌓은 **공적**과 훌륭한 인덕 •   • **功**로

힘들여 쌓아 이룬 **공** •   • **功**적

나라나 회사를 위해 세운 **공로** •   • **功**과

공로와 과실(잘못이나 허물) •   • **功**명심

공적을 세워 자기의 이름을 널리 드러내려는 마음 •   • **功**훈

국어 속 한자 찾기 **5** 다음 글을 읽고 '공 공'이 들어간 우리말에 동그라미를 치세요.

고려 말, 친원정책을 주장해 그 공훈을 인정받아 권세를 누린 권문세족에 대항하는 새로운 세력이 부상했다. 바로 신진 사대부와 신흥 무인이 그들이다. 무인 출신 이성계는 위화도 회군 이후 권력을 잡아 조선을 건국하는 성공을 거두었다. 조선 건국의 공로가 남다른 이들을 개국 공신에 봉했다. 그 중 가장 큰 공적을 쌓은 인물은 바로 사대부 출신인 정도전, 조준 등이었다.

*친원정책: 원나라를 가까이 하는 정책, **권문세족**: 권세가 높은 가문

QUIZ

다음 중 '공 공'이 쓰이지 않은 단어를 찾아 동그라미를 치세요.

유공자	공격	공과	공훈	공덕	공명심

오늘 배울 국어 **속** 한자

실과/열매 과

부수 木 | 총 8획

果는 주로 '과일', '열매'를 뜻하며, 이외에 '결과', '이루다'라는 의미도 지닙니다.

'결果'는 그대로 풀이하면 '열매를 맺음'을 뜻합니다. 식물이 봄과 여름에 꽃을 피우고 양분을 모았다가 가을에 맺은 열매는 식물이 마침내 '이루어낸 결과'이지요.

'열매 **과**가 쓰인 '果연'은 그대로 풀이하면 '결과가 (생각처럼) 그렇게 되다'라는 의미로, '알고 보니 정말로'를 뜻합니다. 알고 있는 내용이나 생각만 했던 것이 사실로 확인됐을 때 또는 미래의 결과를 의심할 때 쓰는 말이지요.

한자 따라 쓰기 ① 순서에 맞게 다음 한자를 써 보세요.

果 果 果 果 果 果 果 果

果	果						

한자 구별하기 ② 다음 중 '실과/열매 과'를 찾아 동그라미를 치세요.

杲　果　桌　栗　某　臬

3 각 질문을 읽고 알맞은 한자를 써넣어 단어를 완성해 보세요.

✔ 사과나무의 둥글고 빨간 열매를 이르는 말은?

사	

✔ 열매를 얻기 위해 과일나무를 심은 밭을 이르는 말은?

	수	원

✔ 과일에서 짜낸 즙을 이르는 말은?

	즙

✔ 단단한 껍데기에 싸여 있는 나무 열매를 통틀어 이르는 말은?

견	

4 각 뜻풀이를 읽고 알맞은 단어를 찾아 바르게 연결해 보세요.

열매를 맺음, 어떤 원인으로
인해 **이뤄진** 결말 •   • 결**果**

정말로 그렇게 **이뤄짐**,
결과적으로 사실임 •   • 성**果**

어떤 일을 이루어 낸 **결과** •   • **果**연

사람이 먹을 수 있는 **열매** •   • **果**도

과일을 깎는 칼 •   • 효**果**

어떠한 것을 하여 얻어지는
좋은 **결과** •   • **果**실

5 다음 글을 읽고 '실과/열매 과'가 들어간 우리말에 동그라미를 치세요.

봄이는 과일을 과도로 슥슥 잘라 껍질째 먹는 걸 좋아한다. 특히 한 입 베어 물었을 때 노란 과즙이 배어 나오는 신선한 사과를 좋아한다. 엄마는 빨간 사과보다 초록색 사과가 폴리페놀이 많아 장과 혈관 건강에 좋고, 아침에 먹는 사과는 피를 맑게 해주며 변비를 예방하는 효과가 있다고 말씀하셨다. 사과는 맛도 좋고 몸에도 좋은 과실인 것 같다.

다음 중 '실과/열매 과'가 쓰이지 않은 단어를 찾아 동그라미를 치세요.

성과	과수원	과자	과즙	결과	견과

 오늘 배울 국어 속 한자

樹는 '나무'라는 뜻 외에 '세우다'라는 의미도 지닙니다.

'樹목'은 '나무'를 뜻합니다. 樹도 '나무'를 의미하고 木(목)도 '나무'를 의미하지요. 그래서 '심다'라는 뜻의 '식(植)'이 쓰인 '식樹'와 '식木'도 나무를 심음, 심은 나무를 가리킵니다. 하지만 두 한자를 바꿔 쓸 수 없는 경우도 있습니다. 열매를 맺는 나무는 '과실樹'라고 하지 '과실木'이라고 하지 않고, 나무로 집이나 물건을 만드는 사람을 '木수'라고 하지 '樹수'라고 하지 않지요. 이처럼 木은 목재처럼 물건의 재료를 가리킬 때, 樹는 활엽수나 침엽수처럼 살아 있는 나무를 가리킬 때 주로 더 많이 쓰인다는 차이가 있습니다.

樹

나무 **수**

부수 木 ㅣ 총 16획

한자 따라 쓰기 *1* 순서에 맞게 다음 한자를 써 보세요.

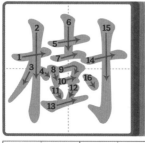

樹 樹 樹 樹 樹 樹 樹 樹 樹 樹 樹 樹 樹 樹 樹 樹

樹	樹				

한자 구별하기 *2* 다음 중 '나무 수'를 찾아 동그라미를 치세요.

檄　榔　櫥　榭　橱　樹

한자 완성하기 3 각 질문을 읽고 알맞은 한자를 써넣어 단어를 완성해 보세요.

✔ 나무가 우거진 숲을 뜻하는 말은?

	림

✔ 여러 가지 나무와 다양한 식물을 심어 가꾸는 곳을 이르는 말은?

	목	원

✔ 나무의 줄기를 지나 잎으로 올라오는 액체 또는 나무껍질 등에서 분비되는 액체를 이르는 말은?

	액

✔ 열대 지방에서 자라는 잎이 넓고 길며 키가 큰 나무를 이르는 말은?

야	자	

한자 연결하기 4 각 뜻풀이를 읽고 알맞은 단어를 찾아 바르게 연결해 보세요.

나무를 심음, 심은 나무   •   • 가로樹

사과, 배, 포도 등 먹을 수
있는 열매가 열리는 나무   •   • 식樹

길을 따라 줄지어 심은 나무   •   • 과실樹

나무의 종류   •   • 樹종

일 년 내내 잎이 푸른 나무   •   • 樹립

국가나 정부, 제도, 정책 등을
이룩하여 세움   •   • 상록樹

국어 속 한자 찾기 5 다음 글을 읽고 '나무 수'가 들어간 우리말에 동그라미를 치세요.

봄이는 등굣길에 보이는 가로수 수종이 주로 은행나무나 포플러라는 사실을 알게 됐다. 배나무나 사과나무 같은 과실수는 왜 심지 않는 것인지 궁금증이 생겼다. 그러던 중 마침 선생님께서 조선시대에는 배나무나 밤나무를 길가에 심었고, 지금도 남쪽 지방에는 야자수를 가로수로 심은 곳도 있다고 알려주셨다. 봄이는 선생님의 설명을 듣고 사과를 따먹으며 하교하는 모습을 상상해 보았다.

QUIZ 다음 중 '나무 수'가 쓰이지 않은 단어를 찾아 동그라미를 치세요.

수액	과실수	수박	수립	상록수	수목원

오늘 배울 국어 속 한자

동산 원

부수 囗 | 총 13획

園은 '동산'이라는 뜻 외에 '밭', '뜰'이라는 의미도 지닙니다.

'학원'은 뒤에 쓰인 '원'이 어떤 한자를 쓰느냐에 따라 뜻이 달라집니다. '집 원(院)'을 쓴 '학원'은 '지식이나 기술, 예체능 등을 가르치는 사설 교육 기관'을 뜻하지만, '園'을 쓴 '학원'은 지식, 기술 뿐 아니라 '성품과 덕성을 함양시키는 전인 교육'을 목표로 하는 곳을 말하지요. 즉 '학교나 기타 교육 기관을 통틀어 이르는 말'입니다. '학원'은 '학교 안에 만들어 놓은 정원이나 논밭'을 가리키기도 하는데, 이 정원은 환경 미화나 자연(과학) 연구, 정서 교육 등 전인 교육을 위해 만든 것이라 할 수 있지요.

한자 따라 쓰기 **1** 순서에 맞게 다음 한자를 써 보세요.

園 園 園 園 園 園 園 園 園 園 園 園 園

園 園

한자 구별하기 **2** 다음 중 '동산 원'을 찾아 동그라미를 치세요.

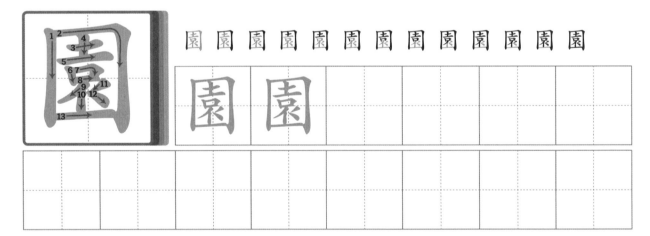

✔ 꽃을 심은 동산이나 꽃을 파는 가게를 이르는 말은?

화	

✔ 많은 종류의 식물을 모아 기르는 뜰을 뜻하는 말은?

식	물	

✔ 여러 사람이 쉴 수 있도록 잔디밭과 나무를 가꾸어 놓고 관련 시설 등을 설치해 놓은 큰 동산을 이르는 말은?

공	

✔ 밭을 지키기 위해 밭 곁에 지은 막을 이르는 말은?

	두	막

한자 연결하기 4 각 뜻풀이를 읽고 알맞은 단어를 찾아 바르게 연결해 보세요.

돌아다니며 놀 수 있도록
여러 설비를 갖춘 **동산**   •   • 전園

논과 **밭**, 도심에서 떨어진
한적한 시골   •   • 농園

채소나 과일, 식물을 심고
가꾸는 **뜰**이나 땅   •   • 유園지

아무 걱정이나 고통 없이
행복하게 살 수 있는 **동산**   •   • 정園

채소나 꽃 등을 심은
밭이나 뜰을 가꾸는 일   •   • 園예

집 안에 풀과 나무 등을
가꾸어 놓은 **뜰**이나 꽃**밭**   •   • 낙園

국어 ⬆ 한자 찾기 5 다음 글을 읽고 '동산 원'이 들어간 우리말에 동그라미를 치세요.

공원 서쪽 끝에는 경기도에서 명소로 꼽히는 식물원이 보였다. 엄마는 입장권을 구입한 뒤 봄이와 함께 드넓은 식물원으로 들어갔다. 어린아이들이 견학이라도 왔는지 길게 줄을 서서 화원을 구경하고 있었다. 엄마와 봄이도 좀처럼 보기 힘든 열대 식물과 각종 희귀 식물들을 보며 감탄사를 내뱉었다. 꽃무리가 펼쳐진 야트막한 언덕을 보고 있으니 이곳이 세상에서 제일 아름다운 지상 낙원 같았다.

QUIZ   다음 중 '동산 원'이 쓰이지 않은 단어를 찾아 동그라미를 치세요.

농원	전원	병원	원두막	정원	화원

오늘 배울 국어 속 한자

庭

뜰 **정**

부수 广 | 총 10획

庭은 '뜰'을 뜻하며, 이외에 '집', '곳', '정원'이라는 의미도 지닙니다.

공판이 행해지는 '법庭'에는 왜 '뜰 **정**'이 쓰였을까요? '법정'의 '정'은 '廷(조정 정)' 또는 '庭'이 모두 쓰입니다. 廷은 본래 계단이 있는 큰 건물을 뜻하지만, 주로 '궁廷, 조廷' 등 관청이나 임금이 이용하는 건물을 말하지요. 후에 민간에도 넓은 뜰이 있는 큰 건물들이 생겨나자 이를 구분하기 위해 새로운 글자를 만들었는데, 이것이 '庭원, 가庭' 등에 쓰인 庭입니다. 물론 '법庭'처럼 庭과 廷을 함께 쓰는 단어도 남아 있답니다.

한자 따라 쓰기 **1** 순서에 맞게 다음 한자를 써 보세요.

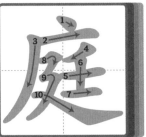

庭 庭 庭 庭 庭 庭 庭 庭 庭 庭

庭	庭					

한자 구별하기 **2** 다음 중 '뜰 정'을 찾아 동그라미를 치세요.

侹　筳　庭　莛　挺　娗

3 각 질문을 읽고 알맞은 한자를 써넣어 단어를 완성해 보세요.

✔ 한 가족이 생활하는 집안을 이르는 말은?

가	

✔ 정원을 가꾸는 일을 직업으로 하는 사람을 이르는 말은?

	원	사

✔ 궁궐 안에 있는 뜰이나 마당을 이르는 말은?

궁	

✔ 학교 안에 있는 뜰이나 운동장을 이르는 말은?

교	

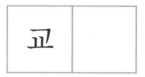

4 각 뜻풀이를 읽고 알맞은 단어를 찾아 바르게 연결해 보세요.

법원이 재판하는 **곳** • • 庭원수

정원에 심어 가꾸는 나무 • • 법庭

학교의 소식을 **가정**에 알리는 유인물 • • 가庭통신문

집 안에서 쓰이거나 쓰이는 물건 • • 친庭

결혼한 여자의 가족이 사는 본**집** • • 庭원

집 안에 있는 뜰이나 꽃밭 • • 가庭용

5 다음 글을 읽고 '뜰 정'이 들어간 우리말에 동그라미를 치세요.

엄마는 가끔 옛날이야기를 들려주신다. 학창 시절 교정에서 친구들과 수다를 떨던 이야기, 아빠가 정성스럽게 가꾸던 정원에 심겨진 정원수를 망가트린 이야기, 가정통신문을 몰래 숨긴 이야기. 옛날 이야기를 하실 때 엄마는 해맑은 소녀로 변한다. "엄마, 지금이 좋아, 그때가 좋아?" 하고 물으면 엄마는 항상 같은 대답을 하신다. "든든한 아빠랑 사랑스러운 봄이가 곁에 있는 지금이 훨씬 더 좋지."

다음 중 '뜰 정'이 쓰이지 않은 단어를 찾아 동그라미를 치세요.

교정	정원사	가정용	궁정	친정	우정

읽을 **독**, 구절 **두**

부수 言 | 총 22획

🐻 오늘 배울 국어 **속** 한자

讀은 '읽다'를 뜻할 때는 '**독**'이라고 읽고, '구절'을 뜻할 때는 '**두**'라고 읽습니다.

'讀해'와 '해讀'은 같은 한자를 썼지만 쓰인 순서가 뒤바뀐 한자어입니다. 둘은 어떻게 다를까요? 讀은 '읽다, 이해하다'라는 의미에, '해(解)'는 '풀이하다, 깨닫다'라는 의미에 강조점을 둔다는 점이 다르지요. '讀해'는 '글을 읽어서 이해함', 즉 글을 읽는 일반적인 행위를 의미하고, '해讀'은 '해석하면서 읽음', 즉 어려운 글이나 암호 등의 뜻을 풀어가며 읽는 행위를 의미합니다. 이처럼 같은 한자여도 쓰인 순서에 따라 의미가 달라지는 것이지요.

한자 따라 쓰기 **1** 순서에 맞게 다음 한자를 써 보세요.

讀 讀 讀 讀 讀 讀 讀 讀 讀 讀 讀 讀 讀 讀 讀 讀
讀 讀 讀 讀 讀 讀

讀	讀						

한자 구별하기 **2** 다음 중 '읽을 독, 구절 두'를 찾아 동그라미를 치세요.

韇　讀　殰　贖　讀　韣

3 각 질문을 읽고 알맞은 한자를 써넣어 단어를 완성해 보세요.

✔ 책을 읽는 것을 뜻하는 말은?

	서

✔ 책을 읽고 난 뒤의 소감 또는 그 감상을 적은 글을 이르는 말은?

	후	감

✔ 글이나 책을 많이 읽는 것을 이르는 말은?

다	

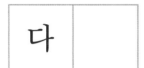

✔ 문장에서 구절로 끊어 읽게 하여 글을 이해하는 데 도움을 주는 부호로 마침표나 쉼표 등을 이르는 말은?

구		점

4 각 뜻풀이를 읽고 알맞은 단어를 찾아 바르게 연결해 보세요.

책을 **읽는** 사람　　　•　　　• 낭讀

글을 소리 내어 **읽음**　　•　　　• 讀자

처음부터 끝까지 건너뛰지 않고
내리 **읽음**　　　　　　•　　　• 통讀

글을 빠른 속도로 **읽음**　　•　　　• 정讀

글을 꼼꼼하고 자세히 **읽음**　•　　　• 구讀

책, 잡지, 신문 등을 사서 **읽음**　•　　　• 속讀

5 다음 글을 읽고 '읽을 독, 구절 두'가 들어간 우리말에 동그라미를 치세요.

독서는 학습에 필요한 독해 능력을 향상시키는 데도 유익하지만 무엇보다 우리의 생각과 감정을 풍요롭게 해준다. 대다수 전문가들은 다양한 독서법을 활용하는 다독을 권한다. 책 읽기의 기본은 자세히 새겨 읽는 정독이지만 때로는 빠르게 훑는 속독이 필요한 경우도 있다. 문학 작품을 읽을 때는 눈은 물론 입과 귀까지 활용하는 낭독이 유용하다.

QUIZ　다음 중 '읽을 독, 구절 두'가 쓰이지 않은 단어를 찾아 동그라미를 치세요.

구독	구두점	낭독	독후감	중독	독자

오늘 배울 국어 **속** 한자

글 서
부수 曰 Ⅰ 총 10획

書는 주로 '글', '글자, 글씨'를 뜻하며, 이외에 '책'이라는 의미도 지닙니다.

주요 직책을 맡은 사람을 도와 사무를 처리하거나 중요한 비밀을 다루는 사람을 뜻하는 '비書'에는 왜 '글 **서**'가 쓰였을까요? '비書'는 본래 '중요한 비밀을 담고 있어 감추어둔 책'을 말합니다. 중국에는 오랜 옛날부터 비밀스러운 문서를 보관하고 관장하는 관직이 있었는데, 이를 '비書감, 비書랑, 비書령' 등으로 불렸다고 해요.

한자 따라 쓰기 **1** 순서에 맞게 다음 한자를 써 보세요.

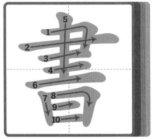

書 書 書 書 書 書 書 書 書 書

書	書				

한자 구별하기 **2** 다음 중 '글 서'를 찾아 동그라미를 치세요.

書　畫　曹　畫　壹　彗

✔ 글을 적은 종이를 이르는 말은?

문	

✔ 학교에서 어떤 과목을 가르치려고 만든 책을 이르는 말은?

교	과	

✔ 한 장짜리 작은 종이에 짧은 글로 소식을 전할 수 있도록 만든 우편 편지를 이르는 말은?

엽	

✔ 아무 데나 글자를 쓰거나 그림을 그리는 것을 이르는 말은?

낙	

한자 연결하기 **4** 각 뜻풀이를 읽고 알맞은 단어를 찾아 바르게 연결해 보세요.

책을 파는 가게 ● ● **書**점

글자로 기록한 문서 ● ● **書**재

책을 쌓아두고 글을 읽거나 쓰는 방 ● ● **書**류

책을 지음 또는 지은 **책** ● ● 각**書**

붓으로 **글씨**를 쓰는 예술 ● ● **書**예

상대방에게 약속을 지키겠다는 내용을 적은 **글** ● ● 저**書**

국어 속 한자 찾기 **5** 다음 글을 읽고 '글 서'가 들어간 우리말에 동그라미를 치세요.

미술책에 실려 있던 한글 서예 작품을 본 봄이는 교과서에서 눈을 떼지 못했다. 글씨가 예술 작품이 될 수 있다니. 얼마 전, 이모가 보내주신 엽서에 써넣은 캘리그래피도 서예를 바탕으로 한 실용 예술 이라고 한 기억이 났다. 봄이는 문득 아빠 서재에 꽂혀 있던 서예 교본이 생각났다. 봄이는 아빠한테 서예를 배워 캘리그래피로 멋진 작품을 만들어 보고 싶어졌다.

QUIZ

다음 중 '글 서'가 쓰이지 않은 단어를 찾아 동그라미를 치세요.

| 저서 | 서재 | 서류 | 질서 | 각서 | 낙서 |

107

오늘 배울 국어 **속** 한자

집 **당**

부수 土 | 총 11획

堂은 주로 '집'을 뜻하며, 이외에 '건물', '당당하다, 떳떳하다'라는 의미도 지닙니다.

'높고 큰 건물'을 뜻하는 '전堂'에는 '집 **당**'이 쓰입니다. '집 옥(屋)', '집 가(家)' 등 집을 뜻하는 다른 한자를 쓰지 않은 이유는 무엇일까요? 堂은 주로 '높고 큰 건물'을 의미하기 때문입니다. 크고 높은 건물은 보통 위엄이 느껴지게 마련이므로 '당당하다'라는 의미로도 확대된 것이지요. 지금은 '서堂', '식堂'처럼 소규모의 공간을 뜻할 때도 쓰이지만, '성堂', '명堂(정전)', '음악堂'처럼 높이 서 있는 커다란 건물을 가리킬 때 주로 쓰인답니다.

한자 따라 쓰기 **1** 순서에 맞게 다음 한자를 써 보세요.

堂 堂 堂 堂 堂 堂 堂 堂 堂 堂 堂

堂	堂				

한자 구별하기 **2** 다음 중 '집 당'을 찾아 동그라미를 치세요.

党　堂　棠　當　常　掌

각 질문을 읽고 알맞은 한자를 써넣어 단어를 완성해 보세요.

✔ 옛날에 아이들이 한문을 배우던 곳을 이르는 말은?

서	

✔ 의원들이 모여서 회의하는 건물을 이르는 말은?

의	사	

✔ 강연이나 공연을 할 때 쓰는 건물 또는 큰 방을 이르는 말은?

강	

✔ 장사를 지낸 후 유골을 모셔두는 곳을 뜻하는 말은?

납	골	

각 뜻풀이를 읽고 알맞은 단어를 찾아 바르게 연결해 보세요.

태도가 자신 있고 거리낌이 없이 **떳떳함** •   • 명堂

음식을 파는 **집** •   • 식堂

풍수지리에서 좋은 일이 많이 생긴다는 **집**터, 임금이 조회를 받던 정전 •   • **堂堂**

노인들이 모여서 쉬거나 놀 수 있도록 마련한 **집** •   • 음악堂

청중을 위해 음악을 연주하는 **건물** •   • 전堂

높고 크게 지은 화려한 **집** •   • 경로堂

다음 글을 읽고 '집 당'이 들어간 우리말에 동그라미를 치세요.

연말을 맞아 부모님과 함께 오케스트라 공연을 관람하러 갔다. 자동차를 타고 국회 의사당을 지나 한참을 달린 끝에 예술의 전당에 도착했다. 먼저 부모님과 가까운 식당에서 저녁 식사를 한 후, 공연 장으로 향했다. 음악당은 고요하고 웅장했다. 연주자들이 무대에 등장하고 곧 공연이 시작됐다. 지 휘자의 열정적인 몸짓과 당당한 자세를 바라보고 있으니 나도 모르게 흥이 솟았다.

QUIZ 다음 중 '집 당'이 쓰이지 않은 단어를 찾아 동그라미를 치세요.

납골당	마당	당당	경로당	강당	명당

오늘 배울 국어 **속** 한자

놈 자

부수 耂(老) | 총 9획

者는 '놈'을 뜻하며, 이외에 '~한 사람', '~한 것'이라는 의미도 지닙니다.

'왕자'는 뒤에 쓰인 '자'가 어떤 한자를 쓰느냐에 따라 의미가 달라집니다. 가령 '왕위를 이을 왕자'의 '왕자'는 '王(임금 왕)'과 '子(아들 자)'를 쓴 '왕의 아들'을 가리킵니다. 반면, '왕者'는 '왕과 같은 역할을 하는 사람', 즉 '나라를 다스리는 우두머리'를 뜻하며, '어떤 분야에서 뛰어난 사람'을 비유적으로 이르는 말로도 쓰입니다. 이때 者는 '~한 사람'을 의미하지요. 가령 '약者'는 '약한 사람', '패者'는 '패한 사람'을 가리킵니다.

한자 따라 쓰기 **1** 순서에 맞게 다음 한자를 써 보세요.

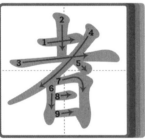

者 者 者 者 者 者 者 者 者

者	者					

한자 구별하기 **2** 다음 중 '놈 자'를 찾아 동그라미를 치세요.

者 耆 者 孝 考 老

✓ 기사를 취재하여 신문이나 방송에 실을 글을 쓰는 사람을 이르는 말은?

기

✓ 병이 들거나 다쳐서 아픈 사람을 이르는 말은?

환

✓ 글이나 책을 쓴 사람을 이르는 말은?

저

✓ 학문을 연구하는 사람을 이르는 말은?

학

경기나 시합에서 승리한 **사람** • • 토론者

물건이나 서비스를 돈을 주고 사서 쓰는 **사람** • • 우승者

어떤 문제에 대하여 옳고 그름을 따지며 논의하는 **사람** • • 소비者

두 가지의 사물이나 사람을 들어 말할 때 먼저 든 **것** • • 양者

두 가지의 사물이나 사람을 들어 말할 때 뒤에 든 **것** • • 후者

서로 관련이 있는 두 **사람**이나 두 개의 **것**(사물) • • 전者

TV에서 재난지원금 관련 토론회를 방영했다. 토론자로 국회의원, 경제 전문기자, 경제학자가 출연했다. 지원금을 국민 모두에게 주자는 편과 선별해서 주자는 편이 팽팽하게 대립했다. 전자는 자금이 순환하면 국가 경제에 두루 도움이 된다고 주장했고, 후자는 꼭 필요한 사람들만 선별해 지급해야 한다고 주장했다. 토론을 지켜보는 방청객들은 양자의 주장을 주의 깊게 경청하는 모습이었다.

QUIZ 다음 중 '놈 자'가 쓰이지 않은 단어를 찾아 동그라미를 치세요.

소비**자**   환**자**   토론**자**   저**자**   학**자**   남**자**

이길 **승**

부수 力 | 총 12획

🐻 **오늘 배울 국어 속 한자**

勝은 주로 '이기다'를 뜻하며, 이외에 '뛰어나다', '훌륭하다', '경치가 좋다'라는 의미도 지닙니다.

'명勝'의 勝은 어떻게 '경치가 좋다'라는 뜻을 갖게 됐을까요? 勝의 '이기다'라는 뜻은 둘 이상의 경쟁 관계에서 가장 뛰어난 쪽을 가리키는 말입니다. 그래서 '더 좋다, 더 우월하다'라는 의미로 확대되었고, 경치가 더 뛰어난 곳을 가리킬 때도 마찬가지 의미로 쓰인 것이지요. '땅 지(地)'와 함께 쓰인 '勝지'는 '경치가 뛰어난 곳'을 말하고, '이름 명(名)'을 더한 '명勝지'는 '경치가 훌륭하기로 이름난 곳'을 이르는 말입니다. '명勝'은 여기에서 나온 단어랍니다.

한자 따라 쓰기 **1** 순서에 맞게 다음 한자를 써 보세요.

勝 勝 勝 勝 勝 勝 勝 勝 勝 勝 勝 勝

勝	勝				

한자 구별하기 **2** 다음 중 '이길 승'을 찾아 동그라미를 치세요.

睦　騰　榜　腠　滕　勝

✔ 승리와 패배를 아울러 이르는 말은?

 패

✔ 싸움이나 경기에서 이긴 사람을 이르는 말은?

자

✔ 권투, 레슬링 등에서 심판의 판정으로 이기는 것을 뜻하는 말은?

판 정

✔ 반드시 상대를 물리쳐 이기는 것을 이르는 말은?

필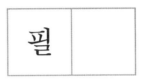

한자 연결하기 4 각 뜻풀이를 읽고 알맞은 단어를 찾아 바르게 연결해 보세요.

이기고 지는 것 • • 勝부

훌륭하고 뛰어난 경관으로
이름난 경치 또는 그런 곳 • • 우勝

경기나 시합에서 이겨
1등을 차지하는 것 • • 명勝

운동 경기 등에서 마지막으로
이김과 짐을 가리기 위한 경기 • • 결勝

소송에서 이김 • • 완勝

완전하게 이김 또는 그런 승리 • • 勝소

국어 勝 한자 찾기 5 다음 글을 읽고 '이길 승'이 들어간 우리말에 동그라미를 치세요.

결국은 우리 반이 결승에서 이겼다. 5, 6학년 대항전에서 승자는 매년 6학년이었는데 올해는 예상
치 못한 일이 일어난 것이다. 선생님은 승패를 떠나 최선을 다하자고 말씀하셨지만, 내심 우승을 기
대하고 계신 듯했다. 우리와 겨룬 6학년 언니들은 비록 승부에서 패하긴 했지만 경기 종료 직전까지
좋은 매너로 플레이를 펼쳤다.

QUIZ 다음 중 '이길 승'이 쓰이지 않은 단어를 찾아 동그라미를 치세요.

필승   완승   승소   결승   승객   판정승

싸움 **전**

부수 戈 | 총 16획

🐻 오늘 배울 국어 **속** 한자

戰은 주로 '싸움'을 뜻하며, 이외에 '전쟁, 전투'라는 의미도 지닙니다.

흔히 '이론보다 실전에 강하다'라는 표현을 쓰지요? 여기서 '실戰'은 실제로 싸움이나 전쟁을 가리키는 것이 아닌 '실제의 경험이나 경기'를 뜻합니다. 그밖에 '어려운 일에 나섬'을 뜻하는 '도戰', '필요한 조치를 궁리함'을 뜻하는 '작戰' 등에서 쓰인 戰도 실제 싸움이 아닌 일상적인 상황에서 비유적인 의미로 쓰였지요. 반면 '전쟁에 참가함'을 뜻하는 '참戰'과 '전쟁이 끝남'을 뜻하는 '종戰'의 戰은 주로 국가 간의 실제 전쟁을 가리킵니다.

한자 따라 쓰기 **1** 순서에 맞게 다음 한자를 써 보세요.

戰 戰 戰 戰 戰 戰 戰 戰 戰 戰 戰 戰 戰 戰
戰 戰

戰	戰					

한자 구별하기 **2** 다음 중 '싸움 전'을 찾아 동그라미를 치세요.

戩　戳　戳　戋　戰　戗

✔ 군대와 무기를 사용하여 국가 간에 싸우는 것을 뜻하는 말은?

 쟁

✔ 말로 옳고 그름을 가리는 말다툼 또는 입씨름을 뜻하는 말은?

설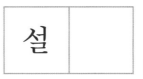

✔ 싸움에서 짐 또는 전쟁에서 지거나 진 전쟁을 이르는 말은?

패

✔ 전쟁 중 서로 합의하여 얼마 동안 전쟁을 멈춤을 이르는 말은?

휴

전쟁에 참가함 • • 도戰

전쟁에서 상대를 이기기 위해
맞서서 싸움 • • 戰투

싸움을 걺, 어려운 일이나
기록 경신 따위에 나섬 • • 참戰

전쟁이 끝남 또는 **전쟁**을 끝냄 • • 종戰

실제의 **싸움**이나 경기,
실제의 경험 • • 실戰

한 나라가 다른 나라에 **전쟁**을
시작한다는 것을 공식적으로 알림 • • 선戰포고

1950년 6월 25일. 한국 전쟁이 일어났다. 북한이 소련의 군사적 지원에 힘입어 남한을 침공한 것이다. 기습적인 무력 공격을 받은 남한은 소규모 전투를 치르며 패전 위기까지 몰렸다. 유엔이 군대를 파견하면서 상황이 역전되긴 했지만, 중국의 참전으로 남한은 다시 후퇴하기 시작했다. 결국 1953년 7월 27일, 한국 전쟁은 종전이 아닌 휴전 상태로 중지되었다.

QUIZ 다음 중 '싸움 전'이 쓰이지 않은 단어를 찾아 동그라미를 치세요.

도전   종전   운전   전투   설전   선전포고

53일차

6급
중학교 필수

아침 조

부수 月 | 총 12획

오늘 배울 국어 **속** 한자

朝는 주로 '아침'을 뜻하며, 이외에 '조정(나랏일)', '왕조'라는 의미로도 쓰입니다.

임금이 신하들과 나랏일을 의논하는 곳(또는 기구)인 '朝정'에는 왜 '아침'을 뜻하는 朝가 쓰였을까요? 옛날에는 아침에 왕과 신하들이 모여 시국을 논했으므로 '신하가 임금을 뵙고, 신하와 임금이 한데 모이고, 임금이 정사를 집행하는' 곳이라는 의미에서 '朝정'이라고 부른 것이지요.

'이른 조(早)'가 쓰인 '조朝'는 '이른 아침'을 뜻합니다. 영화관에 가면 있는 '조朝할인'은 이른 아침, 즉 오전 첫 번째 상영 시간에 입장하면 요금을 깎아 주는 할인 제도를 말해요.

한자 따라 쓰기 1 순서에 맞게 다음 한자를 써 보세요.

朝 朝 朝 朝 朝 朝 朝 朝 朝 朝 朝 朝

朝	朝				

한자 구별하기 2 다음 중 '아침 조'를 찾아 동그라미를 치세요.

韩　乾　戟　斡　幹　朝

✔ 아침에 먹는 밥 또는 아침밥을 이르게 먹음을 뜻하는 말은?

	식

✔ 학교에서 아침 인사나 전달 사항 등을 위해 아침에 모두 모이는 일을 이르는 말은?

	회

✔ 태조 이성계가 고려를 멸망시키고 건국한 아침의 나라를 이르는 말은?

	선

✔ 왕이 직접 다스리는 나라를 뜻하는 말은?

왕	

한자 연결하기 4 각 뜻풀이를 읽고 알맞은 단어를 찾아 바르게 연결해 보세요.

고요한 **아침**의 나라라는 뜻의 맨 처음 우리나라 이름 •　　• 조**朝**

손님을 초대하여 함께 먹는 **아침** 식사 •　　• **朝**찬

이른 **아침**, 새벽 •　　• 고**朝**선

아침과 저녁 •　　• **朝**석

일과를 시작하기 전에 행하는 **아침** 모임으로 주의 사항이나 지시 사항 등을 전하는 것 •　　• **朝**간

아침에 발행하는 신문 •　　• **朝**례

국어한자 찾기 5 다음 글을 읽고 '아침 조'가 들어간 우리말에 동그라미를 치세요.

조회 시간에 선생님께서 조간 신문을 들고 들어오셨다. 신문에 흥미로운 기사가 실려 우리에게 전해 주고 싶으셨다고 한다. 한반도에는 세 번의 조선이 있었다는 기사였다. 단군왕검의 고조선, 이성계의 조선, 그리고 지금 우리가 북한이라고 부르는 조선민주주의인민공화국이 이에 속했다. 세 조선의 공통점은 왕조 국가처럼 최고통치자의 권력이 세습된다는 것이었다.

QUIZ 다음 중 '아침 조'가 쓰이지 않은 단어를 찾아 동그라미를 치세요.

조찬	조례	조석	왕조	조각	조조

오늘 배울 국어 **속** 한자

낮 주

부수 日 Ⅰ 총 11획

晝는 '낮', '정오'를 뜻합니다.

'백주 대낮에 도적이 나타나다'에서 '백晝'는 '환하게 밝은 낮'을 뜻합니다. 사실 뒤의 '대낮'과 뜻이 같아 의미가 중복되는 군더더기 표현이지만 이처럼 잘못 쓰는 경우가 많지요.

'晝침'은 낮에 지는 잠, 즉 '낮잠'을 뜻합니다. 요즘에는 낮잠이 건강에도 유익하고 작업의 능률을 올려준다는 점에서 긍정적으로 보는 의견이 많지만, 옛날에는 낮잠을 자면 게으르다고 생각했지요. 『논어』의 '재여晝침'에도 '재여'라는 제자가 낮잠을 자다가 스승인 공자에게 혼이 난 이야기가 실려 있답니다.

한자 따라 쓰기 1 순서에 맞게 다음 한자를 써 보세요.

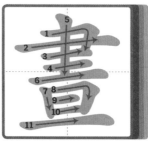

晝 晝 晝 晝 晝 晝 晝 晝 晝 晝 晝

晝	晝				

한자 구별하기 2 다음 중 '낮 주'를 찾아 동그라미를 치세요.

書 量 晝 曺 晝 曹

한자 완성하기 3 각 질문을 읽고 알맞은 한자를 써넣어 단어를 완성해 보세요.

✔ 낮 동안을 뜻하는 말은?

	간

✔ 낮에는 농사를 짓고 밤에는 책을 읽는다는 뜻으로, 바쁘고 어려운 상황에서도 꿋꿋이 공부함을 뜻하는 말은?

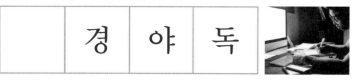

	경	야	독

✔ 낮과 밤 또는 쉬지 않고 계속함을 이르는 말은?

	야

✔ 밤낮을 가리지 않는 다는 뜻으로, 쉴 새 없이 일에 힘씀을 뜻하는 말은?

불	철		야

한자 연결하기 4 각 뜻풀이를 읽고 알맞은 단어를 찾아 바르게 연결해 보세요.

환희 밝은 **낮**, 대**낮**　　　•　　•　**晝**간반

낮 시간대에 개설한 반　　•　　•　**晝**야간

주간과 야간　　•　　•　백**晝**

낮에 자는 잠　　•　　•　**晝**학

낮에 배우는 공부나 학교　•　　•　**晝**침

낮에 활동하는 성질　•　　•　**晝**행성

국어 ⇨ 한자 찾기 5 다음 글을 읽고 '낮 주'가 들어간 우리말에 동그라미를 치세요.

할아버지는 세상이 많이 달라졌다고 말씀하셨다. 예전에는 주경야독하는 학생이 많았고, 불철주야 일하는 직장인들이 많았는데, 지금은 토요일도 쉬니 공부하거나 일하는 시간이 짧아졌다는 것이다. 심지어 백주에 놀러 다니는 사람이 많다며 언짢아하신다. 아빠는 주간에 열심히 일했으면 야간이나 주말에는 쉬면서 일과 삶의 균형을 찾아야지 주야를 가리지 않고 일만 하는 건 건강을 해치는 길이 라고 말씀하셨다.

 QUIZ 다음 중 '낮 주'가 쓰이지 않은 단어를 찾아 동그라미를 치세요.

주침	주야	주민	주간반	주학	주행성

오늘 배울 국어 속 한자

夜는 '밤'을 뜻합니다.

'전夜제'는 어떤 행사가 열리는 특정한 날의 전날 밤에 여는 축제를 말합니다. 서양 명절인 크리스마스이브(12월 24일)가 대표적인 전야제이지요. 낮과는 사뭇 다른 밤의 독특한 분위기를 즐기는 풍속은 이 밖의 단어에서도 찾아볼 수 있습니다. 가령 우리나라의 '夜시장'은 1926년 종로에서 시작한 '밤에 여는 시장' 즉, '夜市'에서 유래하여 이후로 대표적인 볼거리로 자리 잡았습니다. 불빛과 세상 풍경이 어우러진 밤의 경치, 즉 '夜경'을 즐길 수 있는 명소도 곳곳에서 만날 수 있었지요.

夜
밤 야
부수 夕 ㅣ 총 8획

한자 따라 쓰기 1 순서에 맞게 다음 한자를 써 보세요.

夜 夜 夜 夜 夜 夜 夜 夜

夜	夜						

한자 구별하기 2 다음 중 '밤 야'를 찾아 동그라미를 치세요.

液 交 衣 佼 夜 亥

각 질문을 읽고 알맞은 한자를 써넣어 단어를 완성해 보세요.

✔ 해가 진 뒤부터 다시 해가 뜨기 전까지의 기간으로
   밤 동안을 뜻하는 말은?

	간

✔ 밤에 먹는 음식을 이르는 말은?

	식

✔ 어두운 곳에서 빛을 냄을 뜻하는 말은?

	광

✔ 깊은 밤, 아주 늦은 밤을 뜻하는 말은?

심	

한자 연결하기 4 각 뜻풀이를 읽고 알맞은 단어를 찾아 바르게 연결해 보세요.

밤에 공부함,
밤에 공부하는 학교 •   • 열대**夜**

밤에 열리는 시장 •   • **夜**학

바깥 온도가 25℃ 이상인
매우 더운 **밤** •   • **夜**시장

주로 **밤**에 활동하는 동물의 습성 •   • 철**夜**

퇴근 시간이 지나 **밤**늦게까지
하는 일 •   • **夜**근

잠을 자지 않고 **밤**을 새우는 것 •   • **夜**행성

국어 속 한자 찾기 5 다음 글을 읽고 '밤 야'가 들어간 우리말에 동그라미를 치세요.

올여름엔 열대야가 자주 나타났다. 심야 시간에도 한강 공원에 자리를 잡고 더위를 식히며 야식을 즐기는 사람들이 많다는 뉴스를 본 기억이 난다. 낮에는 햇볕이 너무 강해 바깥 활동을 꺼리고 해가 떨어진 밤이 되면 그제야 야외 활동을 하는 사람들이 많아지면서 여름에는 야간에만 여는 야시장도 더 활기를 띤다고 한다. 더위는 사람을 야행성으로 만드나 보다.

QUIZ 다음 중 '밤 야'가 쓰이지 않은 단어를 찾아 동그라미를 치세요.

철야   야강   심야   시야   전야제   야근

56일차

6급
중학교 필수

옛 고

부수 口 | 총 5획

 오늘 배울 국어 **속** 한자

古는 주로 '옛날'을 뜻하며, 이외에 '오래되다'라는 의미도 지닙니다.

'古물'과 '古전'에는 둘 다 '오래되다'를 뜻하는 古가 쓰입니다. '古물'은 오래되어 헐고 낡은 물건을 가리키는 반면, '古전'은 오랫동안 변함없이 사람들에게 사랑받아온 문학 또는 예술 작품을 가리키지요. 오래된 고전이 지니는 가치는 고물과 전혀 다릅니다. '고물'은 쓸모가 없어진 것을 이르는 말이라면 '고전'은 가치가 더욱 높아진 것을 가리킨다는 차이가 있지요.

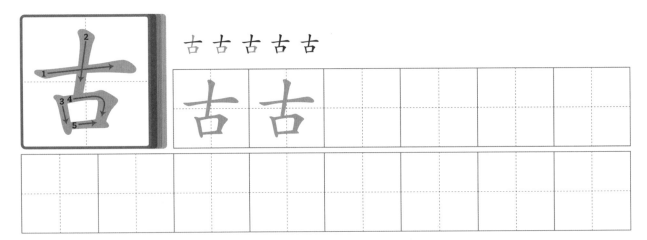

한자 따라 쓰기 1 순서에 맞게 다음 한자를 써 보세요.

古 古 古 古 古

한자 구별하기 2 다음 중 '옛 고'를 찾아 동그라미를 치세요.

右　舌　吉　占　古　杏

✔ 오래되어 나이가 많고 키가 큰 나무를 이르는 말은?

✔ 옛 문화를 보여주는 남아있는 물건이나 건물 또는 그런 것이 있던 자리를 이르는 말은?

✔ 아주 오래된 책 또는 옛날 책을 이르는 말은?

✔ 아주 낡고 오래된 쇠붙이를 이르는 말은?

 한자 연결하기 **4** 각 뜻풀이를 읽고 알맞은 단어를 찾아 바르게 연결해 보세요.

오래되거나 낡은 물건,
이미 사용하여 새것이 아닌 물건　•　　　•　중**古**품

옛날에 임금이 살던 집　•　　　•　**古**대

원시 시대와 중세 사이의
아주 **옛** 시대　•　　　•　**古**궁

오래전부터 그 일에 종사하고
있는 사람　•　　　•　고**古**학

오늘날 쓰지 않는 **옛날** 말, **옛**글　•　　　•　**古**참

옛사람들이 남긴 유물과 유적
등을 연구하는 학문　•　　　•　**古**어

 국어 속 한자 찾기 **5** 다음 글을 읽고 '옛 고'가 들어간 우리말에 동그라미를 치세요.

경주의 유명한 고적 부근에 사시는 외할아버지께서는 얼마 전 새로 집을 짓기 위해 집터에 자리 잡은 고목을 베고 기초 공사를 하셨다. 공사 중 고철 덩어리처럼 보이는 물건이 많이 발견되자 외할아버지께서는 혹시 고고학적 가치를 지닌 고대 유물이 아닌가 싶어 문화재관리청에 신고를 하셨다. 알고 보니 할아버지의 기대와는 달리 이 집터는 오래 전에 큰 고물상이 있던 자리였다고 한다.

QUIZ 다음 중 '옛 고'가 쓰이지 않은 단어를 찾아 동그라미를 치세요.

| 고목 | 중고품 | 고참 | 고향 | 고궁 | 고서 |

오늘 배울 국어 속 한자

이제 금

부수 人 │ 총 4획

수은 주로 '이제', '지금'을 뜻하며, 이외에 '오늘', ' 바로', '이, 이것'이라는 의미도 지닙니다.

쓰인 한자는 같지만 순서가 뒤바뀐 '방수'과 '수방'은 의미가 어떻게 다를까요? 두 한자어 모두 '말하고 있는 시점이나 그보다 조금 전후'라는 뜻으로 사전적 의미는 같습니다. 때문에 구분 없이 같이 쓰이곤 하지요. 다만 '말하는 시점보다 조금 후'를 가리킬 때는 '금방'을 더 많이 쓴다는 차이가 있습니다. 가령 "금방 올게."는 귀와 입에 더 익은 표현이지만 "방금 올게."는 어색한 표현이지요.

한자 따라 쓰기 **1** 순서에 맞게 다음 한자를 써 보세요.

今 今 今 今

今	今						

한자 구별하기 **2** 다음 중 '이제 금'을 찾아 동그라미를 치세요.

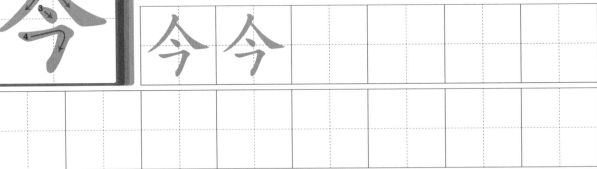

仚 令 今 介 兮 仐

한자 완성하기 **3** 각 질문을 읽고 알맞은 한자를 써넣어 단어를 완성해 보세요.

✔ 오늘을 뜻하는 말은?

	일

✔ 이번 주일을 뜻하는 말은?

	주

✔ 지금 살고 있는 이번 해를 뜻하는 말은?

	년

✔ 이 시간, 말하는 바로 이때를 뜻하는 말은?

	지

한자 연결하기 **4** 각 뜻풀이를 읽고 알맞은 단어를 찾아 바르게 연결해 보세요.

지금, 말하고 있는 시점보다
바로 조금 전 또는 후   •   • 금번

이번, 곧 돌아오거나 **이제**
막 지나간 차례   •   • 금생

지금 살고 있는 세상   •   • 방금

옛날과 **지금**   •   • 고금

이제, **지금** 막,
바로 조금 전 또는 후   •   • 금세기

우리가 살고 있는 **지금**의 세기   •   • 금방

국어 ⇔ 한자 찾기 **5** 다음 글을 읽고 '이제 금'이 들어간 우리말에 동그라미를 치세요.

방금 들어온 소식을 전해드리겠습니다. 금세기 최고의 만화가로 평가받던 홍길동 화백이 향년 92세로 별세했습니다. 금년 초까지만 해도 활발한 작품 활동을 이어온 홍 화백의 갑작스러운 별세 소식에 많은 명사들이 깊은 애도를 표하고 있습니다. 빈소는 금일 ○○장례식장에 마련될 예정이라고 전해졌습니다. 지금까지 KBC 전우치 기자였습니다.

QUIZ 다음 중 '이제 금'이 쓰이지 않은 단어를 찾아 동그라미를 치세요.

금방	금고	지금	금주	금생	금번

오늘 배울 국어 **속** 한자

昨은 '어제'를 뜻하며, 이외에 '지난날', '이전'이라는 의미로도 쓰입니다.

'오늘의 바로 전날'을 뜻하는 '昨일'과 '올해의 바로 앞의 해'를 뜻하는 '昨년'은 그대로 풀이하면 각각 '어제인 날'과 '어제인 해'를 나타내므로 의미가 잘 통하지 않지요. 여기서 昨은 '지난날, 이전'이라는 의미로 쓰였습니다. 뒤의 말을 기준으로 '전~, 지난~'이라고 풀이하면 됩니다. 가령 '昨일'은 '전날'을, '昨야'는 '지난밤'을, '昨석'은 '지난 저녁'을, '昨주'는 '지난주'를, '昨월'은 '지난 달', '昨년'은 '지난해'를 뜻하는 것이지요.

어제 작

부수 日 | 총 9획

한자 따라 쓰기 **1** 순서에 맞게 다음 한자를 써 보세요.

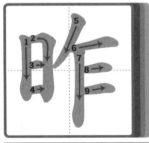

昨 昨 昨 昨 昨 昨 昨 昨 昨

昨	昨					

한자 구별하기 **2** 다음 중 '어제 작'을 찾아 동그라미를 치세요.

昨 昨 胙 肝 砟 峠

✔ 올해의 바로 앞의 해로 지난해를 이르는 말은?

	년

✔ 이 달의 바로 앞의 달로 지난달을 이르는 말은?

	월

✔ 요즈음, 요사이 또는 어제와 오늘을 아울러 이르는 말은?

	금

✔ 어제의 저녁, 지난 저녁을 이르는 말은?

	석

한자 연결하기 4 각 뜻풀이를 읽고 알맞은 단어를 찾아 바르게 연결해 보세요.

오늘의 바로 **전날**, **어제** ·   · **昨**일

오늘로부터 사흘 **전**의 밤,
그끄저께 밤 ·   · 삼**昨**년

작년의 바로 **이전**의 해 ·   · **昨**야

오늘로부터 사흘 **전**의 날,
그끄저께 ·   · 삼**昨**야

어젯밤, **지난밤** ·   · 재**昨**년

올해로부터 삼 년 **전**의 해,
그끄러께 ·   · 삼**昨**일

국어 ⇔ 한자 찾기 5 다음 글을 읽고 '어제 작'이 들어간 우리말에 동그라미를 치세요.

내년은 명년, 그다음 해는 재명년이라고 한다. 작년, 재작년, 재재작년은 각각 1년 전인 지난해, 2년 전인 지지난해, 그리고 3년 전을 가리킨다. 한편, 내일은 명일, 그다음 날은 재명일이라고 한다. 작일, 재작일, 재재작일은 각각 어제, 그저께, 그끄저께를 가리킨다. 재재작년과 재재작일은 삼작년, 삼작일이라고도 한다.

QUIZ

다음 중 '어제 작'이 쓰이지 않은 단어를 찾아 동그라미를 치세요.

작야	작금	작별	작석	삼작년	작월

 오늘 배울 국어 **속** 한자

성씨 **박**

부수 木 | 총 6획

朴은 성씨 중 '박씨'를 뜻하며, 이외에 '순박하다', '소박하다', '수수하다'라는 의미도 지닙니다.

사람의 성품을 묘사할 때 쓰는 말인 '순朴하다, 소朴하다, 질朴하다'는 모두 '꾸밈이 없이 수수하다'라는 의미를 나타내는 표현입니다. 朴은 본래 거칠고 울퉁불퉁하게 생긴 '후박나무'를 가리키는 말로, 글자의 모양이 후박나무의 껍질이 갈라진 모습과 닮았다 하여 朴은 '꾸미지 않은 수수한 모습'이라는 의미로 확대된 것이지요.

한자 따라 쓰기 1 순서에 맞게 다음 한자를 써 보세요.

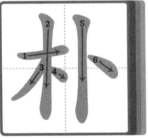

朴 朴 朴 朴 朴 朴

朴	朴					

한자 구별하기 2 다음 중 '성씨 박'을 찾아 동그라미를 치세요.

朴　玊　仆　扑　朴　礼

한자 완성하기 3 각 질문을 읽고 알맞은 한자를 써넣어 단어를 완성해 보세요.

✔ 거짓이나 꾸밈이 없이 순수하고 인정이 많음을 뜻하는 말은?

순	

✔ 박씨의 시조로 신라를 세운 왕을 이르는 말은?

혁	거	세

✔ 박혁거세의 후예고, 본관을 밀양으로 하는 한국의 성씨를 뜻하는 말은?

밀	양	

✔ 병자호란을 배경으로 하고 박씨 부인을 주인공으로 하는 조선 시대 한글 소설을 뜻하는 말은?

	씨	전

한자 연결하기 4 각 뜻풀이를 읽고 알맞은 단어를 찾아 바르게 연결해 보세요.

검소하고 **수수함** ·   · 고朴

꾸밈이 없이 **수수하고** 지나치지 않음 ·   · 질朴

예스럽고 꾸미지 않은 **수수함** ·   · 검朴

거짓이나 꾸밈이 없이 순수하고 **소박한** 성질 ·   · 朴충

순박하고 충직함 ·   · 소朴

거짓이나 꾸밈이 없이 **수수하고** 자연스러움, 생긴 그대로 ·   · 순朴성

국어 속 한자 찾기 5 다음 글을 읽고 '성씨 박'이 들어간 우리말에 동그라미를 치세요.

오늘은 병자호란을 배경으로 한 여성 영웅 소설인 『박씨전』을 읽었다. 남편 이시백은 박씨 부인이 외모가 못생겼다는 이유로 멀리했다. 하지만 박 씨는 질박하고 소박한 성품을 지녔을 뿐만 아니라 뛰어난 재주와 지혜를 겸비해 청나라 군대를 물리쳐 나라를 구한 영웅이었다. 예나 지금이나 내면의 순박성을 알아보지 못하고 외모만 중시하는 세태는 변하지 않은 듯하다.

QUIZ 다음 중 '성씨 박'이 쓰이지 않은 단어를 찾아 동그라미를 치세요.

고박   순박   박씨전   질박   밀양 박   압박

 오늘 배울 국어 **속** 한자

오얏/성씨 **리(이)**

부수 木 | 총 7획

李는 주로 성씨인 '이씨'를 뜻하며, 이외에 '오얏(자두)'이라는 의미도 지닙니다.

'李화'는 '자두꽃'을, '도李'는 '복숭아꽃'과 '자두꽃'을 아울러 가리키는 말입니다. 단, '李화'의 李는 '**이**'라고 읽고, '도李'의 李는 '**리**'라고 읽는다는 차이점이 있지요. 왜일까요? 李는 본래 '리'로 읽지만 우리말에서는 단어의 첫머리(두음)에 자음 'ㄹ, ㄴ'이 오면 발음하기 어려우므로 모음 'ㅣ, ㅑ, ㅕ, ㅛ, ㅠ' 앞에서는 다른 소리인 'ㅇ'으로 바꾸어 발음하는 두음법칙을 적용하기 때문이지요. '리'를 '이'로 발음하는 것도 두음법칙이 적용된 결과랍니다.

한자 따라 쓰기 **1** 순서에 맞게 다음 한자를 써 보세요.

李 李 李 李 李 李 李

李 李

한자 구별하기 **2** 다음 중 '오얏/성씨 리'를 찾아 동그라미를 치세요.

季　杏　杢　杳　李　초

✔ 임진왜란 때 거북선을 이용해 왜군을 무찌르고 조선을 구한
이씨 성의 장군은?

	순	신

✔ 조선왕조 제4대 왕으로 훈민정음을 만든 세종대왕의
이름은?

	도

✔ 도산 서원을 세워 제자를 가르친 조선 시대 이씨 성의 호가
퇴계인 학자 이름은?

	황

✔ 신사임당의 아들이고 학자이자 정치가였던 조선 시대
이씨 성의 호가 율곡인 학자 이름은?

	이

한자 연결하기 4 각 뜻풀이를 읽고 알맞은 단어를 찾아 바르게 연결해 보세요.

자두나무의 꽃, 조선 말
관리들이 쓰던 휘장 • • **李**화

이씨 조선을 줄여 이르는 말 • • **李**몽룡

고전 소설 '춘향전'에서
이씨 성을 가진 남자 주인공 • • **李**조

조선을 건국한 **이씨** 성의 왕 • • 장삼**李**사

복숭아와 **자두** 또는
그 꽃이나 열매 • • **李**성계

장씨의 셋째 아들과 **이씨**의
넷째 아들, 특별하지 않은 • • 도**李**
평범한 사람들을 이르는 말

국어 속 한자 찾기 5 다음 글을 읽고 '오얏/성씨 리'가 들어간 우리말에 동그라미를 치세요.

조선은 이성계가 세운 이씨 왕조의 나라다. 조선을 이조라고 부르는 이유도 임금의 성씨를 나라 이
름 앞에 붙여 부르는 동아시아의 전통을 따른 것이다. 세종대왕 이도가 이씨고, 조선의 대표적 성리
학자인 이황, 이이, 그리고 임진왜란의 영웅 이순신도 이씨다. 이씨는 우리나라에서 두 번째로 흔한
성씨이기도 하다.

QUIZ 다음 중 '오얏/성씨 리'가 쓰이지 않은 단어를 찾아 동그라미를 치세요.

| 장삼이사 | 도리 | 이황 | 이화 | 이몽룡 | 이름 |

1 〈보기〉에서 각 빈칸에 알맞은 한자와 뜻을 찾아 써 보세요.

보기
書 李 成 果 古 昨 者 朴 今 功

집당 | 낮주 | 이길승 | 싸움전 | 읽을 독, 구절 두 | 나무수 | 밤야 | 뜰정 | 아침조 | 동산원

		樹	園	庭	讀		堂	
이룰 성	공 공	실과/열매 과				글 서		놈 자

勝	戰	朝	晝	夜				
				옛 고	이제 금	어제 작	성씨 박	오얏/성씨 리

2 각 한자의 틀린 부분을 찾아 바르게 고쳐 써 보세요.

戌	功	杲	樹	園	廷	讀	畫	室	者
이룰 성	공 공	실과/열매 과	나무 수	동산 원	뜰 정	읽을 독, 구절 두	글 서	집 당	놈 자

膡	戰	朝	書	夜	占	令	咋	朴	季
이길 승	싸움 전	아침 조	낮 주	밤 야	옛 고	이제 금	어제 작	성씨 박	오얏/성씨 리

3 각 빈칸에 알맞은 한자와 뜻을 써 보세요.

成	功	果				書		者
			나무 수	동산 원	뜰 정	읽을 독, 구절 두		집 당

			古	今	昨	朴	李
이길 승	싸움 전	아침 조	낮 주	밤 야			

4~5 다음 글을 읽고 문제에 답하세요.

코르시카 시골뜨기 출신 군인 나폴레옹은 동료들에게 받은 소외의 설움을 ❶ **독서**로 달랬다. 문학 책 속에는 수많은 사람들의 기쁨과 슬픔이 있었고, 역사책 속에는 동서 ❷ **고금** 영웅들의 고난과 극복이 담겨있었다. ㉠ **낮**이고 ㉡ **밤**이고 항상 책을 읽은 나폴레옹은 다독 못지않게 정독하는 것으로도 유명했다. 그리고 책을 꼼꼼히 읽은 후에는 그 내용을 정리하는 습관이 있었다. 이런 습관 덕에 나폴레옹은 '잘 정리된 서랍 같은 두뇌'를 갖게 되었다. 프랑스 혁명이 ❸ **성공**하고 불안해진 주변국이 프랑스를 공격하려고 동맹을 맺었을 때, 프랑스 의회는 이에 대응하기 위한 이탈리아 원정군 사령관에 나폴레옹을 임명했다. 이때 그의 나이는 27세였다. 젊은 사령관 나폴레옹에게 가장 큰 힘이 된 것은 책에서 얻은 지혜였다. ㉢ **싸움**에서 ❹ **승자**가 되기 위해 그가 가장 중요하게 생각한 것은 부하 군인들의 마음을 얻는 것이었다.

4 글 중 ❶ ~ ❹에 해당하는 우리말을 한자로 써 보세요.

❶ _____   ❷ _____   ❸ _____   ❹ _____

5 다음 중 ㉠ – ㉡ – ㉢의 뜻을 가진 한자를 골라 보세요.

① 晝 - 夜 - 樹   ② 書 - 昨 - 戰   ③ 晝 - 夜 - 戰   ④ 晝 - 夜 - 戰

오늘 배울 국어 속 한자

根은 주로 '뿌리'를 뜻하며, 이외에 '근본', '원인'이라는 의미도 지닙니다.

根은 본래 식물의 뿌리를 가리킵니다. 가령 '연根'은 연꽃의 뿌리를 말하지요. 그렇다면 '털이 피부에 박힌 부분'을 뜻하는 '모根'에는 왜 根이 쓰였을까요? 털에도 뿌리가 있다는 말일까요? 뿌리는 식물이 땅속에서 수분과 양분을 빨아들여 성장할 수 있도록 해주는 중요한 기관이지요. 피부에 박힌 모근도 식물의 뿌리처럼 털을 형성하고 자라게 하는 중요한 역할을 한답니다.

뿌리 근
부수 木 | 총 10획

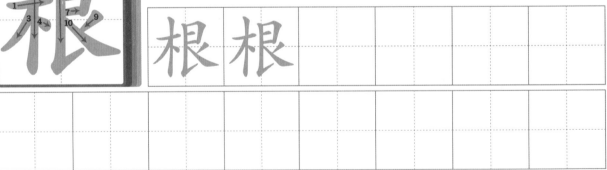

한자 따라 쓰기 1 순서에 맞게 다음 한자를 써 보세요.

根 根 根 根 根 根 根 根 根 根

根	根								

한자 구별하기 2 다음 중 '뿌리 근'을 찾아 동그라미를 치세요.

榰　榔　根　艰　恨　桐

✔ 반찬 음식으로 해 먹는 연꽃의 뿌리를 뜻하는 말은?

| 연 | |

✔ 식물의 뿌리처럼 단어에서 실질적 의미를 나타내는 중심 부분을 뜻하는 말은?

| 어 | |
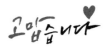

✔ 털의 뿌리로 털이 피부에 박힌 부분을 이르는 말은?

| 모 | |

✔ 불행한 일을 가져올 근본 원인을 뜻하는 말은?

| 화 | |

한자 연결하기 4 각 뜻풀이를 읽고 알맞은 단어를 찾아 바르게 연결해 보세요.

식물의 **뿌리**,
사물의 **본질**이나 **본바탕** ● ● 根본

사물의 **근본(뿌리)**이나 줄기가
되는 중요한 것 ● ● 根거

어떤 일이나 의견 등이 나오게
된 **근본**이나 까닭 ● ● 根간

사물의 **뿌리**나
밑바탕이 되는 기초 ● ● 根절

완전히 **뿌리**째 뽑아 없애 버림,
어떤 것이 다시는 발생하지
않도록 그 **근원**을 없애 버림 ● ● 根원

사물이 비롯되는 **근본**이나 **원인** ● ● 根저

국어 속 한자 찾기 5 다음 글을 읽고 '뿌리 근'이 들어간 우리말에 동그라미를 치세요.

소셜 미디어를 통해 퍼지는 근거 없는 가짜 뉴스의 해악이 심각하다. 전문가들에 의하면 뉴스의 근간인 보도의 정확성은 안중에도 없이 가짜 뉴스를 만들고 퍼뜨리는 이들의 사고 근저에는 이를 통해 이익을 얻고자 하는 심리가 자리 잡고 있다고 한다. 정부는 가짜 뉴스 근절 대책을 계속 내놓고 있지만 많은 사람들은 더 근본적인 해결책이 마련되어야 한다고 주장한다.

QUIZ 다음 중 '뿌리 근'이 쓰이지 않은 단어를 찾아 동그라미를 치세요.

| 연근 | 어근 | 화근 | 개근 | 근절 | 근원 |

135

오늘 배울 **국어 속 한자**

本은 '근본', '뿌리'를 뜻하며, 이외에 '본디(원래)', '중심', '자기 자신'이라는 의미도 지닙니다.

책에서 중심이 되는 글을 뜻하는 '本문'과 글과 말에서 가장 중심이 되는 내용을 뜻하는 '本론'에는 왜 '뿌리'를 뜻하는 本이 쓰였을까요? 本의 뜻인 '근본'은 마치 식물에서 가장 중요한 역할을 하는 '뿌리'와 같이 '주된 것', 즉 '중심'을 의미하기 때문이지요. 그리고 '세계의 근본'을 가리킨다는 점에서 本은 '자기 자신'을 뜻하기도 합니다. 가령 '本인'은 주체가 되는 사람인 '자기 자신'을 가리키지요.

근본 본

부수 木 | 총 5획

한자 따라 쓰기 **1** 순서에 맞게 다음 한자를 써 보세요.

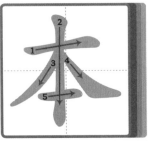

本 本 本 本 本

本 本

한자 구별하기 **2** 다음 중 '근본 본'을 찾아 동그라미를 치세요.

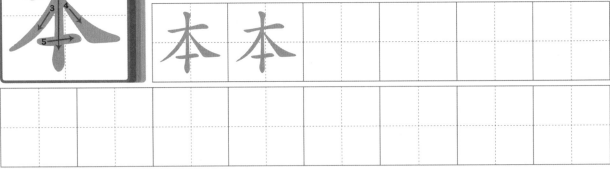

朮　末　本　未　木　大

✔ 자기의 국적이 있는 나라를 이르는 말은?

	국

✔ 사물의 본질이나 본디의 형체 또는 기계 등의 중심 부분, 기본이 되는 몸체를 뜻하는 말은?

	체

✔ 가명이나 별명이 아닌 본디 이름을 이르는 말은?

	명

홍길동

✔ 사람과 동물이 타고나서 본디 가지고 있는 능력을 뜻하는 말은?

	능

밑바탕이 되는 사물의 **근본**   •   • **本**업

여러 직업 중에 **중심**이 되는 직업   •   • **本**질

사물이 그 자체이게끔 하는 **근본**적 성질   •   • 기**本**

변하여 온 사물의 그 처음, **본디**   •   • **本**심

본디 가지고 있는 마음   •   • **本**래

각종 기관의 **중심**이 되는 조직이나 그 조직이 있는 곳   •   • **本**부

새롬이가 발표의 본론을 듣기도 전에 미리 결론을 짐작하고 문제를 제기하자 토론에 임하는 기본자세에서 벗어난다는 생각이 들었다. 그래도 나를 비난하려는 의도는 아니었다는 것을 본능적으로 알았다. 새롬이는 성격이 본래 급해 말은 그렇게 해도 본심은 착한 친구이기 때문이다. 하교하는 길에 새롬이에게 오늘 있었던 일에 대해 터놓고 얘기를 해봐야겠다.

QUIZ 다음 중 '근본 본'이 쓰이지 않은 단어를 찾아 동그라미를 치세요.

본부	리본	기본	본체	본업	본국

63일차

6급 II
중학교 필수

오늘 배울 국어 속 한자

始

비로소 **시**

부수 女 | 총 8획

始는 '비로소'를 뜻하며, 이외에 '처음', '시작하다', '옛날에'라는 의미도 지닙니다.

始의 훈인 '비로소'는 '어떤 일이 처음으로 이루어지거나 변화하기 시작함'을 뜻하는 우리말입니다. 가령 '자동차의 시동을 걸다'에서 '始동'의 始는 '처음'을, '동(動)'은 '움직이다'를 뜻하므로 그대로 풀이하면 '처음으로 움직이다', 즉 '움직임을 시작함'이라는 의미를 나타냅니다. 자동차는 시동을 걸어야 엔진을 가동할 수 있고, 엔진이 움직여야 자동차도 '비로소' 움직이게 되지요.

한자 따라 쓰기 1 순서에 맞게 다음 한자를 써 보세요.

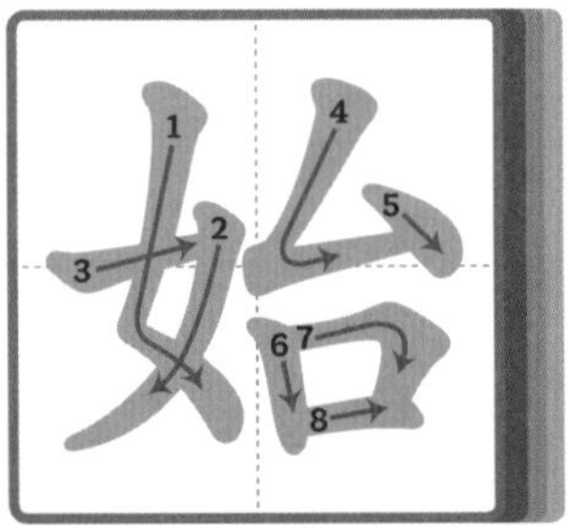

始 始 始 始 始 始 始 始

始 始

한자 구별하기 2 다음 중 '비로소 시'를 찾아 동그라미를 치세요.

姤 如 姑 始 姡 始

✔ 어떤 일을 처음으로 함을 뜻하는 말은?

| | 작 | |

✔ 행동이나 일을 처음으로 시작함을 이르는 말은?

| 개 | |  |

✔ 기계 등이 처음으로 움직이기 시작함을 뜻하는 말은?

| | 동 |  |

✔ 항상 또는 처음과 끝을 아울러 이르는 말은?

| | 종 |  |

한자 연결하기 **4** 각 뜻풀이를 읽고 알맞은 단어를 찾아 바르게 연결해 보세요.

맨 **처음** •   • 원**始**인

아주 먼 **옛날에** 살던 사람들 •   • **始**초

야구 경기 등이 시작되었음을
알리기 위해 유명인이 **처음**으로 •   • **始**구
공을 던지거나 치는 일

일이 **처음** 시작되는 계기,
첫 출발을 하는 지점이나 시점 •   • 원**始**

원래의 **처음**, 사람의 손이
가지 않은 자연 그대로인 상태 •   • **始**발점

사상이나 학설 등을 **처음으로**
시작하거나 내세움 •   • 창**始**

국어 속 한자 찾기 **5** 다음 글을 읽고 '비로소 시'가 들어간 우리말에 동그라미를 치세요.

호모 에렉투스, 호모 사피엔스 등 '인간'이라는 뜻의 '호모(Homo)'로 시작하는 학명을 지닌 원시인이 처음 등장했을 때만 해도 지구는 여러 종의 동식물이 공존하는 땅이었다. 그런데 지금은 인간이 마치 시초부터 지구의 주인인 양 다른 종을 착취하며 살고 있다. 전 지구적인 기후 위기처럼 스스로 자초한 전례 없는 위기를 시발점으로 삼아 모든 생명체가 공존하는 지속가능한 미래를 설계해야 하지 않을까?

 QUIZ 다음 중 '비로소 시'가 쓰이지 않은 단어를 찾아 동그라미를 치세요.

| 시종 | 개시 | 표시 | 원시 | 창시 | 시동 |

오늘 배울 국어 속 한자

지을 작

부수 亻(人) | 총 7획

作은 '짓다', '만들다'를 뜻하며, 이외에 '창작하다', '일하다', '~을 하다', '일으키다'라는 의미도 지닙니다.

'作곡가'가 곡을 짓는 사람을 가리킨다면, '作가'는 여러 분야의 예술 작품을 창작하는 사람을 아울러 이르는 말입니다. 그전에는 없던 작품을 세상에 처음으로 선보이는 사람이 작가인 것이지요. 이처럼 독창적인 예술 작품을 만들어 내는 행위를 가리키는 作에는 '처음으로 만들어냄'이라는 의미가 담겨 있답니다. 때문에 이미 만들어진 것을 그대로 베끼거나 비슷하게 따라 한다면 '창作'이 아닌 '모방' 또는 '표절'이 되는 것이지요.

한자 따라 쓰기 1 순서에 맞게 다음 한자를 써 보세요.

作 作 作 作 作 作 作

作	作					

한자 구별하기 2 다음 중 '지을 작'을 찾아 동그라미를 치세요.

仟　忓　仟　怍　作　咋

✔ 만든 물품 또는 문학, 미술 등의 예술 창작물을 이르는 말은?

| | 품 |

✔ 글을 짓는 것 또는 지은 글을 이르는 말은?

| | 문 |

✔ 음악의 곡조를 창작하는 일을 뜻하는 말은?

| | 곡 |

✔ 재료를 가지고 새로운 물건이나 작품을 만드는 것을 뜻하는 말은?

| | 제 |

한자 연결하기 4 각 뜻풀이를 읽고 알맞은 단어를 찾아 바르게 연결해 보세요.

원고나 서류 등을 **만듦** •   • **作**성

육체적 정신적 **일을 함** 또는 그러한 **일** •   • **作**용

어떤 행동을 **일으키거나** 영향을 줌 •   • **作**업

정하는 것을 **함**, 일을 어떻게 하기로 결정함 •   • 조**作**

기구나 기계 등을 잘 다루어 움직이게 **함** •   • **作**동

기계가 움직여 **일하게** 함, 기계가 제 기능대로 움직임 •   • **作**정

국어 속 한자 찾기 5 다음 글을 읽고 '지을 작'이 들어간 우리말에 동그라미를 치세요.

미술 작가인 우리 이모는 요즘 바늘귀 속에 들어갈 만큼 아주 작은 작품을 만드는 데 여념이 없으시다. 이모는 이 작품을 만드는 데 아주 미세하게 작동하는 기계를 사용한다. 이모처럼 독창적인 작업 방식을 통해 완전히 새로운 형태를 창작해내는 미술가들은 작품 제작을 위해 최첨단 도구를 조작하는 법부터 배워야 한다고 한다.

QUIZ 다음 중 '지을 작'이 쓰이지 않은 단어를 찾아 동그라미를 치세요.

제작   작곡   작성   작년   작용   작문

 오늘 배울 국어 속 한자

業은 '업', 즉 '일', '직업'을 뜻합니다.

'생계를 위해 일정 기간 종사하는 사회 활동'을 뜻하는 '직業'과 '재화 및 서비스 생산을 목적으로 하는 일'을 뜻하는 '산業'의 業은 돈을 벌기 위해 하는 '일'을 가리킵니다. 그런데 교육과 관련된 '수業'이나 '학業'에는 왜 業이 쓰였을까요? 業은 본래 '널빤지'라는 뜻으로, 널빤지에 글자를 기록한다는 뜻에서 '학업'이라는 의미로 확대된 것이랍니다. '학업'은 사회로 나아가 생업을 찾기 위한 기초적인 공부인 셈이므로 '직업', '일하다'라는 뜻과도 관련이 있는 것이지요.

업 **업**

부수 木 I 총 13획

한자 따라 쓰기 1 순서에 맞게 다음 한자를 써 보세요.

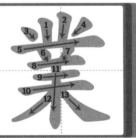

業 業 業 業 業 業 業 業 業 業 業 業 業

業	業					

한자 구별하기 2 다음 중 '업 업'을 찾아 동그라미를 치세요.

業　菜　羙　業　筞　蒹

한자 완성하기 3 각 질문을 읽고 알맞은 한자를 써넣어 단어를 완성해 보세요.

✔ 돈을 벌기 위해 물건을 생산하고 판매하는 일을 하는 조직을 이르는 말은?

| 기 | |

✔ 생활을 꾸려나가기 위해 맡은 일을 일정한 기간 동안 지속적으로 하는 것을 뜻하는 말은?

| 직 | |

✔ 교사가 학생에게 지식이나 기술을 가르쳐 주는 일이나 그 시간을 뜻하는 말은?

| 수 | |

✔ 학생이 정해진 학업 과정을 모두 마친 것을 이르는 말은?

| 졸 | |

한자 연결하기 4 각 뜻풀이를 읽고 알맞은 단어를 찾아 바르게 연결해 보세요.

일을 함 또는 그런 **일** • • 작業

공부하여 지식을 닦는 **일** • • 業적

일이나 연구 등에서 이룩해 놓은 성과 • • 학業

일자리를 잃음 • • 파業

노동자들이 집단적으로 하던 **일**을 중지하는 것 • • 산業

생활에 유용한 물건이나 서비스를 만들어 내는 **일** • • 실業

국어 속 한자 찾기 5 다음 글을 읽고 '업 업'이 들어간 우리말에 동그라미를 치세요.

감염병 확산은 경제 및 사회 전반에 많은 영향을 끼쳤다. 기업 활동이 위축되고 산업 현장의 작업 인원이 줄면서 실업 위기에 내몰린 사람들이 늘어났다. 등교 일수가 줄고 비대면 수업이 늘면서 학업 방법에도 변화가 생겼다. 반면 인간의 사회 활동이 줄면서 자연환경이 회복되고 동물들이 제자리를 되찾는 기현상이 나타나기도 한다.

 다음 중 '업 업'이 쓰이지 않은 단어를 찾아 동그라미를 치세요.

| 직업 | 업로드 | 학업 | 업적 | 졸업 | 파업 |

오늘 배울 국어 **속** 한자

開는 주로 '열다'를 뜻하며, 이외에 '개척하다', '알리다', '시작하다'라는 의미도 지닙니다.

'투표함 開票'와 '휴대폰 開通'에 쓰인 開는 둘 다 '열다'를 뜻합니다. '開票'는 말 그대로 뚜껑을 열듯 투표함을 '열다'를 의미하지만, '開通'은 휴대전화를 '열어' 통하게 한다는 의미를 나타내지요. 즉, '開通'은 '교통 설비나 통신 시설 등을 만들어 쓸 수 있게 함'이라는 의미로, 문 또는 길을 열어 이편과 저편을 연결한다는 의미를 담고 있답니다.

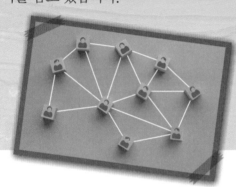

열 개

부수 門 | 총 12획

한자 따라 쓰기 1 순서에 맞게 다음 한자를 써 보세요.

開 開 開 開 開 開 開 開 開 開 開 開

開	開				

한자 구별하기 2 다음 중 '열 개'를 찾아 동그라미를 치세요.

閉　　開　　閑　　開　　閘　　閉

✔ 개척하여 발전시키거나 새로운 것을 만들어 내는 것을 뜻하는 말은?

	발

✔ 어떤 장소를 열어 사람을 들여보냄을 뜻하는 말은?

	장

✔ 연극이나 대회, 행사 등을 시작할 때 막을 여는 것을 이르는 말은?

	막

✔ 활짝 열다 또는 꽃이 활짝 다 핀 것을 이르는 말은?

만	

한자 연결하기 4 각 뜻풀이를 읽고 알맞은 단어를 찾아 바르게 연결해 보세요.

문을 **열어** 놓음, 자유롭게 이용하게 함 • • 開교

학교를 세우고 처음으로 **엶** • • 開방

내용을 **열어** 나타냄, 내용이 진전되어 펼쳐짐 • • 전開

모임, 행사, 경기 등을 **엶** • • 開최

여러 사람에게 널리 **알림** • • 開학

방학, 휴교로 쉬었다가 다시 수업을 **시작함** • • 공開

국어 속 한자 찾기 5 다음 글을 읽고 '열 개'가 들어간 우리말에 동그라미를 치세요.

20XX년 1월 4일, 무한시청은 시를 가로지르는 무한천변을 개발하여 시민의 휴식 공간으로 개방한다는 계획을 공개했다. 내년 봄에는 산책로와 운동 시설부터 우선적으로 설치하고, 여름에는 물놀이장을 개장하겠다는 방침이다. 시는 올 연말에 시설 개방을 알리고 축하하는 기념식을 개최할 예정이라고 밝혔다.

QUIZ 다음 중 '열 개'가 쓰이지 않은 단어를 찾아 동그라미를 치세요.

공개	개학	전개	개교	개막	개선

🐻 **오늘 배울 국어 속 한자**

잃을 실

부수 大 I 총 5획

失은 주로 '잃다'를 뜻하며, 이외에 '사라지다', '잘못', '어긋나다'라는 의미로도 쓰입니다.

失과 '手(손 수)'를 쓴 '失수'는 그대로 풀이하면 '손을 잃다'를 의미합니다. 그렇다면 '失수'는 왜 '조심하지 않아 잘못한 일'이라는 뜻을 갖게 된 걸까요? 본래 失은 손에 있던 물건이 떨어져 나가는 모습을 표현한 한자입니다. 조심성 없이 들고 있던 물건을 떨어뜨리는 바람에 결국 잃어버리게 되었다는 의미에서 '잘못'이라는 뜻으로 확대된 것이지요.

한자 따라 쓰기 **1** 순서에 맞게 다음 한자를 써 보세요.

失 失 失 失 失

失	失					

한자 구별하기 **2** 다음 중 '잃을 실'을 찾아 동그라미를 치세요.

年　牛　矢　朱　失　午

한자 완성하기 3 각 질문을 읽고 알맞은 한자를 써넣어 단어를 완성해 보세요.

✔ 잘못하여 원하는 결과를 얻지 못하거나 이루지 못함을 뜻하는 말은?

 패

✔ 시력을 잃어 앞을 못 보게 된 것을 뜻하는 말은?

명

✔ 물건을 잃어버리는 것을 뜻하는 말은?

분

✔ 얻음과 잃음, 이익과 손해, 성공과 실패를 이르는 말은?

득

한자 연결하기 4 각 뜻풀이를 읽고 알맞은 단어를 찾아 바르게 연결해 보세요.

직장을 **잃음** • • **失**망

희망을 **잃어** 마음이 상함 • • 상**失**

어떤 것이 없어지거나 **사라짐** • • **失**직

사람이나 동물을 **잃어**버려 행방이나 생사 여부를 모르게 됨 • • **失**종

말이나 행동이 예의에 **어긋남** • • 유**失**물

잃어버린 물건 • • **失**례

국어 속 한자 찾기 5 다음 글을 읽고 '잃을 실'이 들어간 우리말에 동그라미를 치세요.

"저, 실례합니다." 봄이는 어제 역에서 분실한 휴대폰을 찾을 수 있을지도 모른다는 기대감으로 지하철 유실물 센터를 방문했다. 하지만 안내자의 말을 들은 봄이는 곧 실망하고 말았다. 분실물 중에 휴대폰은 많았지만 봄이 것은 아무리 찾아도 보이지 않았기 때문이다. 아빠가 사주신 첫 휴대폰인 데다 실수로 물건을 잃어버리는 일이 좀처럼 없는 편이어서 그런지 상실감을 느낀 봄이는 울상이 되었다.

QUIZ 다음 중 '잃을 실'이 쓰이지 않은 단어를 찾아 동그라미를 치세요.

| 실패 | 득실 | 실험 | 실명 | 실망 | 실종 |

오늘 배울 국어 **속** 한자

反은 '돌이키다', '돌아오다'를 뜻하며, 이외에 '되풀이하다', '어기다(거스르다)', '반대하다', '영향을 받다'라는 의미도 지닙니다.

'反대'와 '反영'은 모두 反이 쓰였지만 뜻은 정반대입니다. 反의 본래 뜻인 '돌이키다'라는 기본 뜻이 각각 '거스르다'와 '영향을 받다'라는 반대 의미로 확대돼 쓰인 것이지요. '反대'는 어떤 자극이 왔을 때 그것을 '돌이켜 대하다'에서 '어긋나게 대하다'는 쪽으로 그 뜻이 확대 된 것이고, '反영'은 그 자극을 '돌이켜 비추다'에서 그 자극에 '영향을 받아 사실 그대로를 비추다'는 쪽으로 확대된 것이랍니다.

돌이킬/돌아올 반

부수 又 | 총 4획

한자 따라 쓰기 1 순서에 맞게 다음 한자를 써 보세요.

反 反 反 反

反	反						

한자 구별하기 2 다음 중 '돌이킬/돌아올 반'을 찾아 동그라미를 치세요.

仄　厅　斥　厄　反　厉

✔ 빛이 다른 물체의 표면에 부딪혀 되돌아 나오는 현상을 이르는 말은?

 사

✔ 같은 일을 여러 번 되풀이함을 뜻하는 말을?

 복

✔ 두 사물이 서로 맞서 있는 상태 또는 어떤 행동이나 의견을 따르지 않고 맞서 거스르는 것을 뜻하는 말은?

 대

✔ 정해 놓은 법칙이나 규정, 규칙 등을 어기는 것을 뜻하는 말은?

 칙

한자 연결하기 4 각 뜻풀이를 읽고 알맞은 단어를 찾아 바르게 연결해 보세요.

뜻이 **반대**되는 관계에 있는 낱말 •   • **反**의어

법, 약속 등을 **어기거나** 지키지 않는 것 •   • 위**反**

다른 것으로부터 **영향을 받아** 어떤 현상을 그대로 드러냄 •   • **反**항

믿음과 의리를 저버리고 **돌아섬** •   • 배**反**

다른 사람에게 **반대**하여 대들음 •   • **反**영

외부 자극에 대하여 **돌이켜** 응함 •   • **反**응

국어 속 한자 찾기 5 다음 글을 읽고 '돌이킬/돌아올 반'이 들어간 우리말에 동그라미를 치세요.

교통 법규를 위반하면 그에 따른 처벌을 받는다. 그리고 같은 위반 사항을 반복하면 처벌은 더 무거워진다. 한 사회를 유지하고 지속하는 데 필요한 규칙을 위반하는 행위를 가리키는 반칙은 사회 유지에 중대한 위험 요소다. 이를 반복하는 경우 더 무거운 처벌을 가하는 것은 '가중 처벌'이라는 규정이 반영된 또 하나의 규칙이라 할 수 있다.

 QUIZ 다음 중 '돌이킬/돌아올 반'이 쓰이지 않은 단어를 찾아 동그라미를 치세요.

반칙   반장   배반   반사   반응   반의어

살필 **성**, 덜 **생**

부수 目 | 총 9획

🐻 오늘 배울 국어 **속** 한자

省은 '살피다'를 뜻할 때는 '**성**'으로 읽고, '덜다'를 뜻할 때는 '**생**'으로 읽습니다. 이외에 '깨닫다', '반성하다', 성(행정구)', '기관'이라는 의미로도 쓰이지요.

'자신의 언행에 잘못이 없었는지 돌이켜 봄'을 뜻하는 '반省'과 '고향으로 돌아감'을 뜻하는 '귀省'의 省은 왜 '살피다'라는 뜻으로 쓰였을까요? 省은 본래 농부가 농작물이 잘 자라는지 살피고 돌아본다는 의미를 담고 있습니다. 그래서 자신을 잘 살피고 돌아보는 행위는 '자省, 반省'이라 하고, 부모님이나 조상님을 잘 살피고 돌보는 행위는 '귀省, 省묘'라고 하며, 국민의 삶을 잘 살피고 돌보는 국가 기관은 '국방省, 국무省'이라고 하지요.

한자 따라 쓰기 **1** 순서에 맞게 다음 한자를 써 보세요.

省 省 省 省 省 省 省 省 省

省	省				

한자 구별하기 **2** 다음 중 '살필 성, 덜 생'을 찾아 동그라미를 치세요.

尖　省　劣　尙　肖　雀

✔ 자신이 한 말이나 행동을 돌이켜 생각하여 깨닫고 뉘우침을 뜻하는 말은?

반	

✔ 객지에서 부모님을 뵙기 위해 고향으로 돌아가는 것을 이르는 말은?

귀	

✔ 조상의 산소에 가서 인사를 드리고 무덤을 살피는 일을 뜻하는 말은?

	묘

✔ 전체에서 일부분을 덜어내 간단하게 줄이거나 뺀 것을 이르는 말은?

	략

□ □ □ □ □

한자 연결하기 4 각 뜻풀이를 읽고 알맞은 단어를 찾아 바르게 연결해 보세요.

자신의 허물이나 저지른 일들을 **반성하고 살핌** •

자신의 태도나 행동을 **스스로 반성함** •

• 국방**省**

• 자**省**

미국, 영국 등의 우리나라 국방부에 해당하는 정부 **기관** •

외교 관계를 맡아보는 미국의 정부 **기관** •

• 내**省**적

• 사천**省**

자신의 내면을 돌이켜 **살펴** 겉으로 감정을 드러내지 않는 성격 •

중국 남서부 양쯔강 상류의 사천 분지 동부에 있는 **성** •

• **省**찰

• 국무**省**

국어 속 한자 찾기 5 다음 글을 읽고 '살필 성, 덜 생'이 들어간 우리말에 동그라미를 치세요.

우리나라에서는 일 년에 두 번, 민족 최대의 명절인 설날과 추석에 전국적인 대이동이 일어난다. 명절 연휴 동안 고속도로는 귀성 및 귀경 행렬로 몸살을 앓는다. 최근에는 성묘를 대행업체에 맡기는 경우가 늘었다고는 하지만, 여전히 명절 때만 되면 묘지 주변의 교통 체증은 심각하다. 세대를 이어 내려온 오랜 전통을 바꾸는 일은 쉽지 않다 보니 성묘나 친지 간 모임을 생략할 수도 없어 난감하다.

QUIZ 다음 중 '살필 성, 덜 생'이 쓰이지 않은 단어를 찾아 동그라미를 치세요.

정성	반성	내성적	성찰	생략	자성

오늘 배울 국어 **속** 한자

對는 '대하다'를 뜻하며, 이외에 '마주하다', '맞서다', '맞대다', '상대'라는 의미도 지닙니다.

對는 '얼굴을 마주 대함'이라는 뜻의 '對면', '상대의 요구에 응하여 대함'이라는 뜻의 '응對'에서처럼 단순히 마주 향하고 있는 상태나 '상대하다'라는 의미로 쓰일 때가 많지만, '맞서서 버팀'을 뜻하는 '對항', '우열을 가리기 위해 맞섬'을 뜻하는 '對결', '서로 맞서거나 반대됨'을 뜻하는 '對립'에서처럼 부정적인 관계를 의미할 때도 곧잘 쓰이지요.

대할 대

부수 寸 | 총 14획

한자 따라 쓰기 **1** 순서에 맞게 다음 한자를 써 보세요.

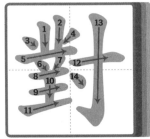

對 對 對 對 對 對 對 對 對 對 對 對 對 對

對 對

한자 구별하기 **2** 다음 중 '대할 대'를 찾아 동그라미를 치세요.

業　꾸　封　尌　對　針

✔ 서로 마주하거나 그런 대상 또는 다른 것과 관계에서
대립, 비교 등의 상태에 있는 것을 뜻하는 말은?

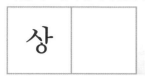 상

✔ 서로 맞서서 승패를 가림을 이르는 말은?

결

✔ 상대가 묻거나 부르는 말에 대하여 하는 말을 이르는 말은?

 답

✔ 둘 이상을 맞대어 같고 다름을 살펴봄을 뜻하는 말은?

 조

한자 연결하기 **4** 각 뜻풀이를 읽고 알맞은 단어를 찾아 바르게 연결해 보세요.

적으로 **대함** ●	● 절**對**
지지 않으려고 **맞서서** 버팀 ●	● 적**對**
상대하여 **맞설** 만한 다른 것이 없음 ●	● **對**항

어떤 일의 **상대**나 목표가 되는 것 ●	● **對**비
앞으로 일어날지도 모르는 일에 **맞서기** 위하여 미리 준비함 ●	● **對**상
어려운 상황에 **맞서서** 이겨낼 수 있는 계획 ●	● **對**책

국어 속 한자 찾기 **5** 다음 글을 읽고 '대할 대'가 들어간 우리말에 동그라미를 치세요.

분단국가인 우리나라는 북한과의 군사적 대결 가능성을 항상 염두에 두고 미리 대비하기 위해 경계를 선다. 50 조원이 넘는 우리나라 국방 예산은 국민총생산에 대한 국방비 비율이 다른 나라보다 상대적으로 높게 책정되어 있다. 남북이 적대 관계를 청산하고 통일을 이룩하거나 평화롭게 공존할 수 있다면 국방 예산의 일부를 더 시급한 문제에 사용할 수 있지 않을까.

 QUIZ

다음 중 '대할 대'가 쓰이지 않은 단어를 찾아 동그라미를 치세요.

적대　　　절대　　　대답　　　대학　　　대항　　　대책

무리 **등**

부수 竹 ㅣ 총 12획

 오늘 배울 국어 **속** 한자

等은 '무리'를 뜻하며, 이외에 '비슷하다', '차이가 없다', '등급', '차례'라는 의미도 지닙니다.

'사과, 배, 귤 등등'에서처럼 두 개 이상의 사물을 열거한 다음 그 밖에도 더 있음을 나타내는 말인 '等等'에는 왜 '무리 **등**'이 쓰였을까요? 等은 본래 여럿이 모여 뭉친 떼를 뜻하는 '무리'를 가리키는 한자입니다. 어떤 무리에 속하려면 공통점이 있어야 하지요? 여러 대상을 나열한 다음 '등등'을 쓰면 앞서 열거한 것들과 공통점을 지니고 있는 다른 것이 더 있음을 나타낼 수 있답니다.

한자 따라 쓰기 **1** 순서에 맞게 다음 한자를 써 보세요.

等 等 等 等 等 等 等 等 等 等 等 等

等 等

한자 구별하기 **2** 다음 중 '무리 등'을 찾아 동그라미를 치세요.

筌　筹　筭　等　箕　箄

✔ 권리, 의무가 모든 사람에게 고르고 똑같음을 뜻하는 말은?

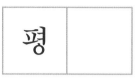

✔ 순위 등에서 제일 첫째 등급을 뜻하는 말은?

✔ 맨 처음 등급, 맨 아래 등급을 뜻하는 말은?

✔ 고르고 비슷하여 차이가 없음을 이르는 말은?

한자 연결하기 **4** 각 뜻풀이를 읽고 알맞은 단어를 찾아 바르게 연결해 보세요.

성적이 우수한 **등급**의 학생 •
자격이나 입장, **등급**이나 정도가 같음 •
등급에 따라 **차례**를 붙여 매긴 숫자 •

• 等수
• 동等
• 우等생

낮은 **등급**, 평균보다 수준이 낮음 •
수준 등 정도의 **차이가 (없지 않고)** 큼, **등급**을 뛰어넘음 •
두 수나 두 식이 **차이가 없이** 서로 같다는 것을 나타내는 기호(=) •

• 월等
• 等호
• 열等

국어 속 한자 찾기 **5** 다음 글을 읽고 '무리 등'이 들어간 우리말에 동그라미를 치세요.

사람의 능력은 균등하지 않고, 지위나 권력도 동등하지 않다. 능력이나 권력은 그 사람을 평가하는 유일한 잣대가 돼서는 안 된다. 남보다 월등한 학습 능력을 타고나 일등을 놓치지 않는 학생은 흔히 대다수의 부러움을 산다. 하지만 우등생이라고 해서 반드시 행복한 것은 아니며, 올바른 인성을 함양했다고 단정하기도 어렵다.

QUIZ 다음 중 '무리 등'이 쓰이지 않은 단어를 찾아 동그라미를 치세요.

등호   손등   동등   평등   초등   열등

오늘 배울 국어 **속** 한자

級은 주로 '등급'을 뜻하며, 이외에 '학급'이라는 의미도 지닙니다.

'같은 학급에서 배우는 친구'를 뜻하는 '級우'의 級은 '등급'이 아닌 '학급'의 의미로 쓰였습니다. '학級'을 그대로 풀이하면 '배우는 등급'을 뜻합니다. 같은 반에서 함께 공부하는 학생들은 같은 학년으로 똑같은 교육 과정을 밟기 때문에 '級우'도 학급이 같은, 즉 배우는 등급이 같은 친구를 뜻하는 것이지요.

등급 **급**

부수 糹 | 총 10획

한자 따라 쓰기 1 순서에 맞게 다음 한자를 써 보세요.

級 級 級 級 級 級 級 級 級 級

級	級								

한자 구별하기 2 다음 중 '등급 급'을 찾아 동그라미를 치세요.

极　扱　紉　紉　級　糾

✔ 계급, 등급, 학년 등이 올라감을 뜻하는 말은?

진	

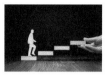

✔ 같은 학년 같은 학급의 학생을 이르는 말은?

동		생

✔ 신분, 값, 품질 등의 높고 낮음, 좋고 나쁨을 여러 차례로 구분한 단계를 이르는 말은?

등	

✔ 여러 개의 등급 가운데 가장 높은 등급을 뜻하는 말은?

최	고	

낮은 **등급**이나 계급 •   • 체級

학급에서 교육 목표로 정한 가르침 •   • 하級

권투, 레슬링 등에서 선수의 체중에 따라서 매긴 **등급** •   • 級훈

특별한 계급이나 **등급** •   • 級수

상당히 높은 수준에 있는 **등급** •   • 특級

능력이나 기술의 높고 낮음을 일정한 기준에 따라 매긴 **등급** •   • 수준級

한자 급수 시험은 한자 실력에 따라 등급을 정한다. 같은 학급에서 공부하는 동급생이라 할지라도 한자 실력은 제각각이어서 하급에 속하는 8급, 7급도 있고, 1급 자격을 딴 수준급의 학생도 있다. 하지만 진짜 실력은 국어 능력에 한자를 얼마나 잘 활용하는지에 달려 있다. 한자 급수는 높은데 국어 실력이 떨어진다면 진정한 한자 실력이라고 할 수 없다.

QUIZ 다음 중 '등급 급'이 쓰이지 않은 단어를 찾아 동그라미를 치세요.

긴급	체급	진급	최고급	동급생	급훈

오늘 배울 국어 **속** 한자

高는 주로 '높다'를 뜻하며, 이외에 '크다', '뛰어나다'라는 의미도 지닙니다.

'가장 높음'을 뜻하는 '최高', '높은 기압'을 뜻하는 '高기압'에서처럼 高는 주로 '높다'를 뜻합니다. 반면 '高성'에 高는 '높다'와 '크다'라는 의미를 모두 지니고 있어 '크고 높은 목소리'로 풀이합니다. 하지만 실제로는 화를 내거나 싸울 때 내는 '큰 소리'를 의미하지요. 이와 마찬가지로 '高함'도 '크게 외치는 소리'를 뜻합니다.

높을 고

부수 高 | 총 10획

한자 따라 쓰기 **1** 순서에 맞게 다음 한자를 써 보세요.

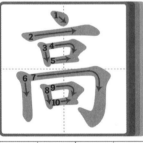

高 高 高 高 高 高 高 高 高 高

高	高					

한자 구별하기 **2** 다음 중 '높을 고'를 찾아 동그라미를 치세요.

宮　富　喜　畗　高　啇

✔ 열이 높음, 높은 열을 뜻하는 말은?

✔ 주위의 기압보다 더 높은 기압을 이르는 말은?

| | 기 | 압 |

✔ 높은 층 또는 건물의 층수가 많음을 뜻하는 말은?

✔ 많은 나이, 나이가 많음 또는 그런 나이가 된 사람을 이르는 말은?

한자 연결하기 **4** 각 뜻풀이를 읽고 알맞은 단어를 찾아 바르게 연결해 보세요.

가장 **높고** 으뜸인 것	•	• **高**급		**높은** 지위, **높은** 위치	•	• **高**귀
속도가 **높음** 또는 매우 빠른 속도	•	• 최**高**		**뛰어나고** 귀중함	•	• **高**위
물건이나 시설의 품질이 **뛰어남**	•	• **高**속		행동이나 취미 등의 수준이 **높고** 품위가 있음	•	• **高**상

국어 속 한자 찾기 **5** 다음 글을 읽고 '높을 고'가 들어간 우리말에 동그라미를 치세요.

사방에서 고성이 오갔고 소방차가 고속으로 질주하듯 내달렸다. 우리 동네 고층 아파트에서 불이 났는데 20층에 고령의 노인 두 분이 고립되어 있다고 했다. 소방관들이 분주히 움직이는 가운데 놀라운 장면이 펼쳐졌다. 전문가가 사용하는 고급 등반 장비를 갖춘 두 노인이 멋지게 줄을 타고 내려온 것이다. 땅에 안착한 노인들은 고상한 자세로 소방관을 향해 인사를 전하고는 유유히 사라졌다.

QUIZ 다음 중 '높을 고'가 쓰이지 않은 단어를 찾아 동그라미를 치세요.

| 고열 | 고위 | 고귀 | 고성 | 고기압 | 고발 |

오늘 배울 국어 속 한자

클 태

부수 大 I 총 4획

太는 '크다'를 뜻하며, 이외에 '처음', '첫째', '훨씬', '아주', '명태'라는 의미도 지닙니다.

'동太, 생太, 황太'와 같은 생선 이름의 太는 왜 '명태'를 가리킬까요? 한 가지 설에 따르면 조선 후기 함경도 경성의 '명천'이라는 마을에 사는 '태'씨 성을 가진 어부가 이름 없는 물고기를 잡아 함경도 관찰사에게 바쳤는데, 이를 매우 맛있게 먹은 관찰사가 '명太'라고 이름 붙여주었다고 합니다. 사실 '동태'는 얼린 명태를, '생태'는 얼리지 않은 명태를, '황태'는 얼다 녹기를 반복해서 말린 명태를 가리키지요.

한자 따라 쓰기 **1** 순서에 맞게 다음 한자를 써 보세요.

太 太 太 太

太	太				

한자 구별하기 **2** 다음 중 '클 태'를 찾아 동그라미를 치세요.

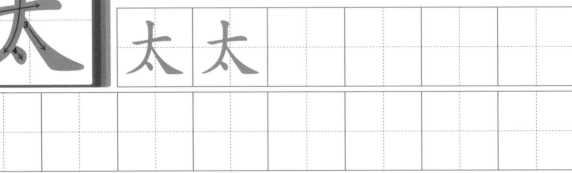

尢　丈　大　木　犬　太

한자 완성하기 **3** 각 질문을 읽고 알맞은 한자를 써넣어 단어를 완성해 보세요.

✔ 지구에서 가장 가까운 거리에 있는 태양계의 중심이 되는 항성으로 해를 이르는 말은?

	양

✔ 크고 밝다는 뜻을 가진 한국에서 가장 큰 산맥을 이르는 말은?

	백	산	맥

✔ 한가운데 태극 무늬가 있는 우리나라 국기를 이르는 말은?

	극	기

✔ 오대양 중 하나를 이루는 큰 바다를 뜻하는 말은?

	평	양

한자 연결하기 **4** 각 뜻풀이를 읽고 알맞은 단어를 찾아 바르게 연결해 보세요.

훨씬 많이 모자람 • • 太평

하늘과 땅이 생긴 맨 **처음** • • 太초

몸과 마음이 아무 걱정 없이 **아주** 편안한 상태 • • 太부족

아주 먼 옛날 • • 太고

절반이 **훨씬** 넘는 것 • • 황太자

황제 자리를 이을 **첫째** 순위의 아들 • • 太반

국어 속 한자 찾기 **5** 다음 글을 읽고 '클 태'가 들어간 우리말에 동그라미를 치세요.

영친왕 이은은 형 의친왕 이강을 제치고 대한제국의 마지막 황태자가 되었다. 당시 신하들은 태반이 친일파였으며, 이은은 이들을 가까이했다. 이강은 태극기를 품고 상해 임시정부로 망명을 시도했지만 당시 독립운동을 위한 기반은 태부족했다. 1945년 태평양 전쟁에서 패전한 일본이 항복하면서 조선이 해방되자 이은은 친일파로 낙인찍혔고, 이강은 항일투쟁을 벌인 유일한 황족이자 독립투사로 칭송받았다.

QUIZ 다음 중 '클 태'가 쓰이지 않은 단어를 찾아 동그라미를 치세요.

태반	태도	태초	태양	태고	태평

오늘 배울 국어 **속** 한자

볕 양

부수 阝(阜) | 총 12획

陽은 주로 '볕'을 뜻하며, 이외에 '태양', '해', '양수', '양전기', '활발하다'라는 의미도 지닙니다.

서울의 옛 이름인 '한陽'에는 왜 陽이 쓰였을까요? '한양'의 한(漢)은 '한강'을, 陽은 양지, 즉 볕이 잘 드는 땅을 가리킵니다. 따라서 한양은 '한강 북쪽 지역에서 볕이 잘 드는 땅'을 의미하지요.

'陽수'와 '음수'에서 알 수 있듯 '陽'은 '음'의 상대적인 의미로 쓰입니다. 가령 '태陽'은 '해'를 뜻하고 '태음'은 '달'을 가리키지요. 또한 '陽력'은 해의 움직임, '음력'은 달의 움직임을 기준으로 한 달력을 뜻합니다.

한자 따라 쓰기 *1* 순서에 맞게 다음 한자를 써 보세요.

陽 陽 陽 陽 陽 陽 陽 陽 陽 陽 陽 陽

陽	陽				

한자 구별하기 *2* 다음 중 '볕 양'을 찾아 동그라미를 치세요.

晹　腸　陽　傷　楊　惕

✔ 0보다 큰 수를 뜻하는 말은?

	수

✔ 저녁때 지는 해를 이르는 말은?

석	

✔ 햇볕을 막기 위해 설치한 막을 이르는 말은?

차	막

✔ 햇볕을 가리기 위해 쓰는 우산을 뜻하는 말은?

	산

한자 연결하기 4 각 뜻풀이를 읽고 알맞은 단어를 찾아 바르게 연결해 보세요.

햇볕의 따뜻한 기운, 모든 것이 살아 움직이는 **활발한** 기운 •

지구가 **태양** 둘레를 1회전 하는 동안을 1년으로 정한 달력 •

가장 큰 **별**, 해, 태양계의 중심인 항성 •

• **陽**력

• **陽**기

• 태**陽**

적극적이고 **활발한** 성질, **별**을 좋아하는 성질 •

햇볕이 바로 들어 밝고 따뜻한 곳 •

전지 등의 직류 전원에서 **양전기**가 일어나는 극(+극) •

• **陽**극

• **陽**성

• **陽**지

국어 ⇔ 한자 찾기 5 다음 글을 읽고 '볕 양'이 들어간 우리말에 동그라미를 치세요.

언제부턴가 햇살이 따사롭게 느껴졌다. 마당에 풀어둔 병아리들도 이제 차양막 안으로 숨지 않고 양지로 나와 돌아다닌다. 해를 피하는 건 엄마뿐이다. 외출했다 돌아오신 엄마 손에는 양산이 들려 있다. 석양이 붉게 물들 무렵 나는 강가로 나가 물수제비를 떴다. 내가 던진 돌이 수면을 사뿐히 튕기며 태양에 가닿을 듯 높게 날았다.

QUIZ 다음 중 '볕 양'이 쓰이지 않은 단어를 찾아 동그라미를 치세요.

양성	석양	양력	양극	모양	양수

오늘 배울 국어 속 한자

바람 풍

부수 風 | 총 9획

風은 주로 '바람'을 뜻하며, 이외에 '모습', '전해 내려오는', '기세'라는 의미도 지닙니다.

'소風'에는 왜 '바람 **풍**'이 쓰였을까요? '소(逍)'는 '한가롭게 거닐다'라는 뜻을 지닙니다. 어떤 장소에서 벗어나 바깥 공기를 마시며 기분을 전환하는 것을 '바람 쐬다'라고 표현하는 데서 알 수 있듯 '소풍'도 집안이나 교실을 벗어나 '바깥 공기를 마시며 한가롭게 거닐다'를 뜻하지요.

風은 '가風'이나 '風속'과 같이 바람처럼 흘러 전해 내려오는 사람들의 습관이나 습속을 나타낼 때도 쓰입니다.

한자 따라 쓰기 1 순서에 맞게 다음 한자를 써 보세요.

風風風風風風風風風

風	風					

한자 구별하기 2 다음 중 '바람 풍'을 찾아 동그라미를 치세요.

凰　凩　夙　凪　凧　風

각 질문을 읽고 알맞은 한자를 써넣어 단어를 완성해 보세요.

✔ 바람이 불어오는 방향을 뜻하는 말은?

 향

✔ 바람의 힘으로 날개를 회전시켜 동력을 얻는 기계를 이르는 말은?

차

✔ 고무로 된 주머니 속에 바람을 넣어 부풀게 하여서 가지고 노는 물건을 이르는 말은?

선

✔ 자연의 경치, 풍경을 그린 그림을 뜻하는 말은?

경 화

각 뜻풀이를 읽고 알맞은 단어를 찾아 바르게 연결해 보세요.

바람의 힘, **바람**의 세기 • • 風문

바람결에 떠도는 소문, 실상이 없이 떠도는 말 • • 風력

자연이나 지역의 아름다운 **모습** • • 風경

맹렬히 부는 **바람** 또는 매우 세차게 일어나는 **기세** • • 風채

드러나 보이는 사람의 겉**모습** • • 열風

옛날부터 **전해 내려오는** 모든 생활에 관한 습관 • • 風속

다음 글을 읽고 '바람 풍'이 들어간 우리말에 동그라미를 치세요.

멋진 풍경을 자랑하는 스페인의 캄포 데 크립타나 마을. 넓은 평원 위 언덕에는 세찬 바람이 분다. 풍력을 이용해 밀을 빻는 이 마을은 풍차로 유명하다. 풍향이 늘 바뀌기 때문에 풍차의 방향을 그때그때 바꿔줘야 한단다. 세르반테스의 소설에는 돈키호테가 이 풍차를 집채만 한 크기에 네 개의 팔을 가진 거인 브리아레오스로 착각하고 풍차를 향해 무모하게 돌진하는 장면이 나온다.

 QUIZ 다음 중 '바람 풍'이 쓰이지 않은 단어를 찾아 동그라미를 치세요.

풍선   풍문   열풍   단풍   풍속   풍경

오늘 배울 **국어 속 한자**

반 **반**

부수 十 | 총 5획

半은 '절반, 반'을 뜻하며, '부분'이라는 의미도 지닙니다.

전자기기 부품인 '半도체'에는 왜 半이 쓰였을까요? 반도체란 상온에서 도체와 절연체의 중간에 해당하는 물질을 말합니다. 온도가 낮아지면 전기가 통하지 않고 온도가 높아지면 전기가 잘 통하는 속성 때문에 '반만 도체'라는 의미로 붙여진 이름이지요.

반도 국가인 우리나라는 '한半도'라고도 합니다. '半도'란 대륙에서 바다 쪽으로 좁게 튀어나온 땅을 말합니다. 둘레가 모두 바다에 접한 섬과 달리 우리나라는 바다가 삼면만 둘러싸고 있다하여 완전한 섬이 아닌 '절반만 섬'이라는 뜻의 '半도'라고 부른답니다.

한자 따라 쓰기 1 순서에 맞게 다음 한자를 써 보세요.

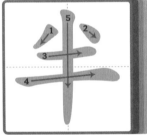

半 半 半 半 半

半	半					

한자 구별하기 2 다음 중 '반 반'을 찾아 동그라미를 치세요.

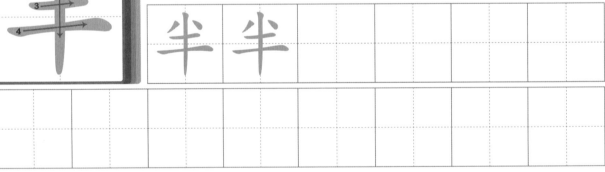

韦　丯　羊　半　仐　夲

✔ 음식이 반쯤 익은 것을 이르는 말은?

	숙

✔ 원의 절반을 이르는 말은?

	원

✔ 반만 투명해 또렷하지 않아 흐릿한 상태를 뜻하는 말은?

	투	명

✔ 반원형의 달, 반달을 이르는 말은?

	월

한자 연결하기 4 각 뜻풀이를 읽고 알맞은 단어를 찾아 바르게 연결해 보세요.

지구를 **반**으로 나누었을 때 북쪽 부분 •   • 과半수

전체에서 **절반**이 넘는 수 •   • 전半

전체를 **반**씩 둘로 나눈 것의 앞쪽 **부분** •   • 북半구

하나를 **반**으로 나눔 •   • 절半

한 세기(100년)의 **절반** •   • 半도

반쯤 바다로 둘러싸여 섬처럼 보이는 육지 •   • 半세기

국어 속 한자 찾기 5 다음 글을 읽고 '반 반'이 들어간 우리말에 동그라미를 치세요.

지구 북반구, 아시아 동쪽에 자리 잡은 반도 국가 대한민국. 남과 북으로 갈라져 서로를 향해 총구를 겨눈 전쟁의 아픔을 겪은 이후 최빈국으로 전락했던 한국은 반세기만에 세계 10대 경제국으로 올라섰다. 하지만 아직은 절반의 성공에 머물고 있다. 반도체와 조선 등의 주력 산업으로 경제를 일으킨 대한민국은 이제 남북통일을 준비하며 수준 높은 민주주의 국가로 거듭나고자 한다.

QUIZ 다음 중 '반 반'이 쓰이지 않은 단어를 찾아 동그라미를 치세요.

반원	과반수	전반	반숙	반세기	반찬

오늘 배울 국어 **속** 한자

익힐 습

부수 羽 | 총 11획

習은 주로 '익히다'를 뜻하며, 이외에 '습관', '버릇', '풍습'이라는 의미도 지닙니다.

'학習'과 '연習'은 어떻게 다를까요? '학習'의 '학(學)'은 몰랐던 것을 배워서 아는 것을 뜻하고, '習'은 배운 것을 완전히 소화시키기 위해 부단히 익히는 것을 뜻합니다. 따라서 '배움'과 '익힘'이라는 두 과정을 모두 가리키는 말이지요. 반면 '연習'의 '연(練)'은 몸에 밸 때까지 익히는 과정을 되풀이하는 것을 뜻합니다. '학습'과 달리 '배움'을 빼고 익히는 과정만을 강조한 말이 '연습'이지요.

한자 따라 쓰기 1 순서에 맞게 다음 한자를 써 보세요.

習 習 習 習 習 習 習 習 習 習 習

한자 구별하기 2 다음 중 '익힐 습'을 찾아 동그라미를 치세요.

✔ 풍속과 습관을 아울러 이르는 말은?

풍 [ ]

✔ 연습 삼아 글을 쓰거나 그림을 그리는 것을 뜻하는 말은?

[ ] 작

✔ 오랫동안 되풀이하면서 익혀진 버릇을 이르는 말은?

[ ] 관

✔ 배운 것을 실제로 해 보면서 익히는 것을 뜻하는 말은?

[ ] 실

한자 연결하기 **4** 각 뜻풀이를 읽고 알맞은 단어를 찾아 바르게 연결해 보세요.

나쁜 **습관**이나 **버릇** • • 악**習**

배운 것을 다시 **익힘** • • 상**習**

늘 반복하여 행하는 **버릇** • • 복**習**

지식이나 기능을 배워서 **익힘** • • **習**득

익혀서 자기 것으로 만듦 • • 관**習**

오랜 세월 동안 되풀이되면서
사람들이 널리 따르게 된 **풍습** • • 학**習**

국어 **속** 한자 찾기 **5** 다음 글을 읽고 '익힐 습'이 들어간 우리말에 동그라미를 치세요.

공자와 그 제자들이 나눈 대화가 담긴 『논어』에는 "배우고 때때로 익히면 또한 기쁘지 아니한가."
라는 구절이 실려 있다. 학습이라는 말도 여기에서 나왔다. 쉼 없이 변하는 세상에 발맞추려면 옛
습관에 머물러 있어서는 안 된다. 오랜 관습 가운데 악습을 제거하고 새로운 것을 습득하기 위해서
는 끊임없이 배워야 한다. 배움은 나의 삶을 변화시키는 가장 강력한 도구다.

QUIZ 다음 중 '익힐 습'이 쓰이지 않은 단어를 찾아 동그라미를 치세요.

실습   관습   복습   상습   습작   모습

오늘 배울 국어 속 한자

눈 설

부수 雨 | 총 11획

雪은 주로 '눈'을 뜻하며, 이외에 '흰색', '씻다'라는 의미도 지닙니다.

'패배를 설욕하다'의 '雪욕'은 '부끄러움을 씻음'을 뜻합니다. 그럼 '눈'과 '씻다'는 어떤 관련이 있을까요? 여기서 雪은 '눈처럼 깨끗이 말끔하게 씻다'라는 뜻을 나타냅니다. 예부터 수치심이나 부끄러움은 씻어 없애야 할 감정으로 여겼기 때문이지요. '모욕, 치욕'에서처럼 '욕되다, 수치스럽다'를 뜻하는 '욕(辱)'이 쓰인 '雪욕'은 상대방이 불러일으킨 수치심을 그대로 되돌려주어 부끄러움을 씻어낸다는 의미를 나타냅니다.

한자 따라 쓰기 1 순서에 맞게 다음 한자를 써 보세요.

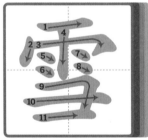

雪 雪 雪 雪 雪 雪 雪 雪 雪 雪 雪

雪	雪					

한자 구별하기 2 다음 중 '눈 설'을 찾아 동그라미를 치세요.

雷　雲　雪　雪　霊　電

✔ 갑자기 한꺼번에 많이 내리는 눈을 이르는 말은?

| 폭 |  |

✔ 쌓인 눈을 치우는 일을 뜻하는 말은?

| 제 | |

✔ 눈이 뒤덮여 있는 벌판을 뜻하는 말은?

| | 원 |  |

✔ 음식의 단맛을 내는 데 쓰는 흰색 가루를 이르는 말은?

| | 탕 |  |

한자 연결하기 4 각 뜻풀이를 읽고 알맞은 단어를 찾아 바르게 연결해 보세요.

일정한 기간 동안 그 지역에
내린 **눈**의 양 • • 강**雪**량

눈이 내리거나 **눈**이 쌓인 경치 • • 만년**雪**

높은 산꼭대기에 녹지 않고
항상 쌓여 있는 **눈** • • **雪**경

눈이 쌓인 산 • • **雪**욕

아주 많이 오는 **눈** • • 대**雪**

상대를 이겨서 지난번 패배의
부끄러움을 **씻음** • • **雪**산

국어 속 한자 찾기 5 다음 글을 읽고 '눈 설'이 들어간 우리말에 동그라미를 치세요.

폭설은 순식간에 큰 피해를 일으킨다. 2004년, 기상 관측 이래 최대 강설량을 기록한 중부지방의
폭설로 서울 시내의 모든 도로가 마비되었다. 지자체는 제설 장비를 최대한 동원했지만 50cm가
넘는 대설을 처리하기에는 역부족이었다. 하지만 폭설이 피해만 입히는 것은 아니다. 가뭄을 줄이고
대기질을 개선시키며 산불을 방지해 준다는 이점도 있다.

QUIZ 다음 중 '눈 설'이 쓰이지 않은 단어를 찾아 동그라미를 치세요.

| 만년설 | 설원 | 설경 | 설탕 | 설명 | 제설 |

171

 오늘 배울 국어 **속** 한자

光은 주로 '빛'을 뜻하며, 이외에 '영예', '풍경'이라는 의미도 지닙니다.

'영光'의 영(榮)은 '활짝 핀 꽃'을 뜻합니다. '영光'은 본래 하늘에 떠 있는 구름에 꽃과 같은 아름다운 오색 빛깔이 비치는 현상을 나타내는 말이지요. 사람들은 예로부터 태양 빛을 신비로운 신령의 빛이라 생각했으며 따라서 좋은 일이 일어날 징조로 여겼습니다. '영光'을 그대로 풀이하면 '꽃의 빛깔'을 뜻하지만 이처럼 신묘한 빛을 닮았다는 데서 '빛나고 아름다운 영예'로 그 의미가 확대된 것이지요.

빛 **광**

부수 儿 ㅣ 총 6획

한자 따라 쓰기 **1** 순서에 맞게 다음 한자를 써 보세요.

光 光 光 光 光 光

光 光

한자 구별하기 **2** 다음 중 '빛 광'을 찾아 동그라미를 치세요.

尖　完　芫　筅　兴　光

3 각 질문을 읽고 알맞은 한자를 써넣어 단어를 완성해 보세요.

✔ 다른 지방이나 다른 나라에 가서 돌아다니며 풍경, 풍습 등을
구경하는 것을 이르는 말은?

관	

✔ 뻗어 나오는 빛줄기를 이용한 가상의 검을 뜻하는 말은?

선	검

✔ 진공 유리관에 화학물질을 넣고 안쪽에 형광 물질을 발라
전기를 통하게 하여 빛을 내는 등을 이르는 말은?

형		등

✔ 녹색 식물이 빛 에너지를 이용하여 유기물을 만들어 내는
과정을 뜻하는 말은?

	합	성

4 각 뜻풀이를 읽고 알맞은 단어를 찾아 바르게 연결해 보세요.

어두운 곳에서 **빛**을 냄 또는
그런 물건 • • 光택

어떤 사물을 더욱 **빛나게** 하거나
돋보이게 하는 배경 • • 야光

빛의 반사에 의해 물체의
표면에서 반짝이는 윤기 • • 후光

무대 아래쪽에서 비추는 **빛**,
사회적 관심이나 흥미 • • 光채

아름답고 찬란하게 빛나는 **빛** • • 각光

잃었던 나라를 되찾아 **영예를**
영광스럽게 회복함 • • 光복

5 다음 글을 읽고 '빛 광'이 들어간 우리말에 동그라미를 치세요.

부산에 할머니를 뵈러 갔는데 마침 국제영화제가 열리고 있었다. 세계적으로 각광 받는 유명 배우
들이 레드카펫을 밟는 모습이 마치 후광이 비추는 것처럼 눈부셨다. 엄마는 그게 다 휘황찬란한
조명 덕이라고 말씀하셨다. 영화의 전당 인근 관광지인 해운대 해수욕장은 야광 팔찌를 끼고 밤바다
를 즐기는 사람들로 붐볐다. 전 세계 영화인들이 모인 국제영화제는 곳곳이 광채로 빛나는 화려한
행사였다.

 다음 중 '빛 광'이 쓰이지 않은 단어를 찾아 동그라미를 치세요.

광합성	광택	광복	각광	형광등	광고

1 〈보기〉에서 각 빈칸에 알맞은 한자와 뜻을 찾아 써 보세요.

보기
反 | 作 | 太 | 等 | 本 | 半 | 失 | 省 | 光 | 高
볕 양 | 등급 급 | 눈 설 | 뿌리 근 | 열 개 | 업 업 | 대할 대 | 비로소 시 | 익힐 습 | 바람 풍

根		始		業	開				對
	근본 본		지을 작			잃을 실	돌이킬/돌이올 반	살필 성, 덜 생	

	級			陽	風		習	雪	
무리 등		높을 고	클 태			반 반			빛 광

2 각 한자의 틀린 부분을 찾아 바르게 고쳐 써 보세요.

棍	木	始	作	羗	閈	朱	汳	省	對
뿌리 근	근본 본	비로소 시	지을 작	업 업	열 개	잃을 실	돌이킬/돌이올 반	살필 성, 덜 생	대할 대

等	紉	髙	大	腸	風	半	習	霻	尤
무리 등	등급 급	높을 고	클 태	볕 양	바람 풍	반 반	익힐 습	눈 설	빛 광

3 각 빈칸에 알맞은 한자와 뜻을 써 보세요.

	本	作		失	反	省	
뿌리 근		비로소 시	업 업	열 개			대할 대

等		高	太		半		光
등급 급			볕 양	바람 풍		익힐 습	눈 설

[4~5] 다음 글을 읽고 문제에 답하세요.

❶ **태양**에서 나온 에너지는 지구에 도달한 후 다시 지구 밖으로 빠져나간다. 이때 공기 중에 있는 이산화탄소, 메탄가스 등은 에너지를 적절하게 붙잡아 지구의 기온을 일정하게 유지해준다. 하지만 온실가스라고 하는 이 고마운 기체는 너무 많아지면 ❷ **반대**로 지구온난화라는 재난의 원인이 된다. 기온이 상승하면 해수면이 점점 ㉠ **높아져** 바닷가 마을이 물에 잠기고, 바닷물 온도가 높아지면 대기 습도가 올라가 태풍과 허리케인이 더욱 강력해진다. 온실가스 증가의 원인으로 과학자들은 화석연료 사용과 축산업을 꼽는다. 석유, 석탄 등을 사용할 때 이산화탄소가 배출된다는 것은 많이 알려져 있지 만, 소, 돼지, 닭 ㉡ **등**을 사육할 때 배출되는 이산화탄소와 메탄가스의 양이 화석연료를 사용할 때보 다 훨씬 많다는 사실은 잘 알려져 있지 않다. 지구온난화로 더 많은 것을 ㉢ **잃기** 전에 우리의 ❸ **반성** 은 어디에서부터 ❹ **시작**해야 할까?

4 글 중 ❶ ~ ❹에 해당하는 우리말을 한자로 써 보세요.

❶ _____ ❷ _____ ❸ _____ ❹ _____

5 다음 중 ㉠ - ㉡ - ㉢의 뜻을 가진 한자를 골라 보세요.

① 高 - 等 - 半　　② 高 - 等 - 失　　③ 光 - 等 - 半　　④ 太 - 業 - 失

멀 원

부수 辶(辵) | 총 14획

遠은 주로 '멀다'를 뜻하며, 이외에 '오래'라는 의미도 지닙니다.

'영遠'에는 왜 '멀다'라는 의미의 遠이 쓰였을까요? 遠은 '遠거리'처럼 거리가 많이 떨어진 상태를 뜻하기도 하고, '遠격'처럼 시간이나 공간이 멀리 떨어진 상태를 가리키기도 합니다. '영(永)'은 두 끝이 서로 멀다는 뜻의 '길다'를 의미하기도 하지만 '시간이 오래다'를 뜻하기도 하지요. 두 한자가 만나 '매우 길고 먼 시간'이라는 뜻이 강조되면서 '끝없이 이어짐', '오래도록 변하지 아니함'으로 의미가 넓어지게 된 것이랍니다.

한자 따라 쓰기 1 순서에 맞게 다음 한자를 써 보세요.

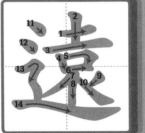

遠 遠 遠 遠 遠 遠 遠 遠 遠 遠 遠 遠 遠 遠

遠	遠				

한자 구별하기 2 다음 중 '멀 원'을 찾아 동그라미를 치세요.

逯　遺　途　達　遠　遣

✔ 멀고 가까움 또는 먼 곳과 가까운 곳을 뜻하는 말은?

 근

✔ 먼 거리, 장거리를 이르는 말은?

거 리

✔ 육지에서 멀리 떨어진 큰 바다를 이르는 말은?

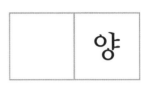 양

✔ 렌즈를 사용해 멀리 있는 물체를 크고 또렷하게 볼 수 있도록 만든 기구를 이르는 말은?

망 경

한자 연결하기 **4** 각 뜻풀이를 읽고 알맞은 단어를 찾아 바르게 연결해 보세요.

먼 데 있는 것만 잘 보이는 시력 •

원운동을 하는 물체가 중심에서 바깥으로 **멀어지**려는 힘 •

뜻이나 계획 등이 **먼** 미래까지 미치고 규모가 큼 •

• **遠**대

• **遠**심력

• **遠**시

시간이나 공간적으로 **멀리** 떨어져 있음

지내는 사이가 **멀어짐**, 서먹서먹함 •

경기나 전쟁 등을 위해 **먼** 곳으로 떠남

• **遠**정

• **遠**격

• 소**遠**

국어⇨한자 찾기 **5** 다음 글을 읽고 '멀 원'이 들어간 우리말에 동그라미를 치세요.

1608년 네덜란드의 한스 리퍼세이는 원거리에 있는 사물을 가까이 보이게 해주는 망원경을 발명했다. 이듬해 이탈리아 출신의 갈릴레이가 이를 개량한 천체 망원경을 선보여 달을 자세히 관측할 수 있게 되었다. 지금은 무인 우주선을 원격으로 조종하여 천체를 관찰할 수 있다. 과학 기술은 과연 어디까지 발전할까? 인간은 앞으로 얼마나 멀리 우주 원정을 떠날 수 있게 될까?

QUIZ 다음 중 '멀 원'이 쓰이지 않은 단어를 찾아 동그라미를 치세요.

원인   원시   원대   원격   원심력   원양

🐻 오늘 배울 국어 속 한자

가까울 **근**

부수 辶(辵) | 총 8획

近은 주로 '가깝다'를 뜻하며, 이외에 '요즘, 요사이'라는 의미도 지닙니다.

'요즈음, 요사이'을 뜻하는 '近간'에는 왜 '가깝다'라는 뜻의 近이 쓰였을까요? '요즈음'의 '즈음'과 '요사이'의 '사이'는 '어떤 일이 일어날 무렵이나 그런 때'를, '요'는 '가까이 있는 것'을 뜻하는 순우리말입니다. '近간'의 近은 '요즈음, 요사이'의 '요'와 같은 의미고, '간(間)'은 '즈음, 사이'와 의미가 같지요. 따라서 '近간'은 시간적으로 가까운 얼마 동안을 의미합니다.

한자 따라 쓰기 **1** 순서에 맞게 다음 한자를 써 보세요.

近 近 近 近 近 近 近 近

近	近					

한자 구별하기 **2** 다음 중 '가까울 근'을 찾아 동그라미를 치세요.

辻　辽　迁　近　迈　迟

3 각 질문을 읽고 알맞은 한자를 써넣어 단어를 완성해 보세요.

✔ 요즈음의 상황이나 형편을 뜻하는 말은?

	황

✔ 가까이 접하여 있거나 아주 가까움을 뜻하는 말은?

	접

✔ 어떤 곳을 중심으로 하여 그에 가까운 곳을 이르는 말은?

부	

✔ 지내는 사이가 매우 가까운 느낌을 뜻하는 말은?

친	감

4 각 뜻풀이를 읽고 알맞은 단어를 찾아 바르게 연결해 보세요.

가까운 주변 • • 近교

가까운 즈음, **요사이** • • 近방

도시에 **가까운** 주변에 있는 마을이나 들 • • 近래

가까운 곳 • • 인近

이웃한 **가까운** 곳 • • 최近

얼마 되지 않은 지나간 날, **요즈음** • • 近처

5 다음 글을 읽고 '가까울 근'이 들어간 우리말에 동그라미를 치세요.

작년에 아버지가 전근을 가시면서 경기도 근교로 전학을 갔던 수지가 최근에 우리 집 근방으로 이사를 왔다. 방과 후에는 학교 부근 분식집에서 떡볶이도 같이 먹고, 집 근처 공부방에서 함께 공부하면서 조금씩 가까워졌다. 그리 친한 사이는 아니었지만 인근에 살면서 자주 만나다 보니 근래 더 친해진 것 같다.

QUIZ 다음 중 '가까울 근'이 쓰이지 않은 단어를 찾아 동그라미를 치세요.

근래   근황   근접   최근   친근감   근무

오늘 배울 국어 속 한자

길 영

부수 水 ㅣ 총 5획

永은 '길다'를 뜻하며, 이외에 '오래다', '영원히'라는 의미도 지닙니다.

'그는 영영 소식이 없었다'에서 쓰인 '永永'은 무슨 뜻일까요? 원래 永은 매우 길게 흐르는 강물을 본떠 만든 글자입니다. 하지만 공간적 길이나 물리적 길이가 아니라 시간이 '아주 오래다'라는 뜻을 나타내지요. 따라서 永을 두 번 반복해 쓴 '永永'은 '아주 오랜 시간이 지나도', '영원히 언제까지나'라는 강조의 의미를 나타냅니다.

한자 따라 쓰기 **1** 순서에 맞게 다음 한자를 써 보세요.

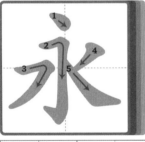

永 永 永 永 永

永	永					

한자 구별하기 **2** 다음 중 '길 영'을 찾아 동그라미를 치세요.

永　氷　水　永　氽　汞

✔ 유치가 빠진 뒤 그 자리에서 나는 이로, 살아있는 동안 길게 오랫동안 써야 하는 치아를 이르는 말은?

	구	치

✔ 그 나라에 영원히 살 수 있도록 자격을 갖춘 외국인에게 주는 권리를 이르는 말은?

	주	권

✔ 영원히 잠이 든다는 뜻으로, 사람의 죽음을 이르는 말은?

	면

✔ 거의 영구(길고 오램)에 가까운 것을 뜻하는 말은?

반		구

영원한 삶이나 생명 • • 永속

영원히 계속됨 • • 永생

어떤 상태가 시간상으로 **오랫동안** 계속되어 끝없음 • • 永구

영원한 세월 • • 永겁

앞으로 **오래도록** 변함없이 계속됨 • • 永원

장례 때 친지가 모여 죽은 이와 **영원히** 이별하는 의식 • • 永결식

진시황은 불로장생뿐 아니라 영원불멸의 황제를 꿈꿨다. 스스로를 영생할 존재로 여겼고 중국 전역을 진나라가 영구히 지배할 땅이라고 생각했다. 문자 및 도량형 통일, 정치 제도 정비를 통해 강력한 중앙집권 체제를 이룩하고 나자 진나라의 영속도 당연해 보였다. 그러나 진시황은 중국을 통일한 이듬해에 예상치 못한 죽음을 맞아 영영 돌아오지 못했고, 진나라도 4년 뒤에 멸망하고 말았다.

QUIZ 다음 중 '길 영'이 쓰이지 않은 단어를 찾아 동그라미를 치세요.

영구치	영생	반영구	영화	영면	영겁

오늘 배울 국어 **속** 한자

아름다울 **미**

부수 羊 | 총 9획

美는 주로 '아름답다'를 뜻하며, 이외에 '보기 좋다', '맛있다', '미국' 등의 의미로도 쓰입니다.

'美인'을 그대로 풀이하면 '아름다운 사람'이라는 뜻이지만, 주로 '아름다운 여자'라는 의미로 쓰입니다. '美용실' 역시 '아름다운 용모를 가꾸는 방'으로 풀이되지만 실제로는 여성이 용모를 아름답게 꾸미기 위해 이용하는 시설을 가리키지요. 반면 '잘생긴 남자'는 '사내 남(男)'을 쓴 '미男'으로, 남자의 머리를 가꾸는 곳은 '이발소, 이용원'이라는 단어로 따로 표현합니다. 美는 이처럼 남녀를 구분해 주로 '여자'와 관련된 의미를 나타내지요.

한자 따라 쓰기 **1** 순서에 맞게 다음 한자를 써 보세요.

美 美 美 美 美 美 美 美 美

美	美				

한자 구별하기 **2** 다음 중 '아름다울 미'를 찾아 동그라미를 치세요.

姜　羑　美　羡　業　羔

한자 완성하기 3 각 질문을 읽고 알맞은 한자를 써넣어 단어를 완성해 보세요.

✔ 아름다운 사람, 주로 용모가 아름다운 여자를 이르는 말은?

 인

✔ 그림이나 조각처럼 눈으로 볼 수 있는 아름다움을 표현한 예술을 뜻하는 말은?

 술

✔ 피부나 치아를 아름답고 희게 하는 것을 뜻하는 말은?

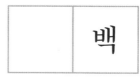 백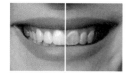

✔ 북아메리카 대륙의 캐나다와 멕시코 사이에 있는 나라를 이르는 말은?

 국

한자 연결하기 4 각 뜻풀이를 읽고 알맞은 단어를 찾아 바르게 연결해 보세요.

보기 좋고 **아름답게** 꾸밈 • • 美모

아름답게 생긴 외모 • • 美담

감동을 일으키는
아름다운 내용을 가진 이야기 • • 美화

맛있는 음식을 가려 먹거나
찾아 먹는 것을 즐기는 사람 • • 美덕

아름답지 못하고 추잡스러움 • • 불美

아름답고 도덕적으로
바른 일이나 행위 • • 美식가

국어 ⇨ 한자 찾기 5 다음 글을 읽고 '아름다울 미'가 들어간 우리말에 동그라미를 치세요.

미술 시간에 선생님께서 조선 시대 풍속 화가 신윤복이 그린 〈미인도〉를 보여주셨다. 이 작품은 조선의 미를 대표하는 아름다운 여인의 단아한 자태를 묘사한 인물화다. 미모를 가꾸기 위해 미백 시술을 하고 미용실에서 머리를 관리하며 성형 수술도 마다하지 않는 서구적인 미인들이 내세우는 요즘 시대의 미의 기준과는 완전히 다른 전통적인 미가 느껴지는 그림이었다.

QUIZ 다음 중 '아름다울 미'가 쓰이지 않은 단어를 찾아 동그라미를 치세요.

미백   미담   미식가   미덕   미소   불미

183

 오늘 배울 국어 **속** 한자

재주 **술**

부수 行 | 총 11획

術은 '재주'를 뜻하며, 이외에 '기술', '방법, 수단', '꾀'라는 의미로도 쓰입니다.

'術책, 심術, 미術'에는 모두 '재주 **술**'이 쓰이지만 의미는 조금씩 다릅니다. '術책'의 術은 정당한 방법이 아닌 부정적인 '꾀'를 뜻하고, '심術'의 術은 '재주나 기술'이라기보다 '남을 괴롭히거나 골리기 좋아하는 못된' 마음, 즉 심보를 의미하지요. 한편 '미術'의 術은 아름다움을 표현할 때 사용하는 여러 가지 '방법이나 기술'을 의미한답니다.

한자 따라 쓰기 **1** 순서에 맞게 다음 한자를 써 보세요.

術 術 術 術 術 術 術 術 術 術 術

術 術

한자 구별하기 **2** 다음 중 '재주 술'을 찾아 동그라미를 치세요.

街　街　術　街　術　術

✔ 만들기나 짓는 재주 또는 사물을 잘 다룰 수 있는 방법이나 능력을 뜻하는 말은?

| 기 | |

✔ 여러 가지 장치나 재빠른 손놀림으로 사람의 눈을 속여 신기하고 기묘한 현상을 보이는 재주를 이르는 말은?

| 마 | |

✔ 무기 또는 맨몸으로 하는 무도의 기술을 이르는 말은?

| 무 | |

✔ 병을 고치기 위하여 의료기계를 사용하여 몸의 일부를 째거나 자르거나 조작하여 치료하는 기술을 뜻하는 말은?

| 수 | |

한자 연결하기 4 각 뜻풀이를 읽고 알맞은 단어를 찾아 바르게 연결해 보세요.

사람들과 관계하며 세상을 살아가는 **수단**과 **방법** •   • 術수

어떤 일을 꾸미는 **꾀**나 **방법** •   • 의術

병이나 상처를 고치는 **기술** •   • 처세術

장사하는 **재주**나 **꾀** •   • 전術

아름다움을 창조하고 표현하는 **기술** •   • 예術

군사적 **기술**과 **방법**, 일정한 목적을 달성하기 위한 **수단·방법** •   • 상術

국어 ⇨ 한자 찾기 5 다음 글을 읽고 '재주 술'이 들어간 우리말에 동그라미를 치세요.

현대 사회에서 과학 기술은 인간 생활의 전 분야에 활용되고 있다. 예를 들어 기존 의술로는 고치지 못했던 병도 이제는 첨단 장비를 이용한 수술로 치료할 수 있다. 현대 예술에서는 여러 공학 기술을 사용하여 이전에 보지 못했던 새로운 작품을 창조해 내기도 한다. 마술 같은 대중오락 분야에서도 보다 더 신비로운 쇼를 연출하기 위해 첨단 기술을 활용하는 경우가 많다.

QUIZ 다음 중 '재주 술'이 쓰이지 않은 단어를 찾아 동그라미를 치세요.

| 처세<u>술</u> | 상<u>술</u> | 논<u>술</u> | 마<u>술</u> | <u>술</u>수 | 무<u>술</u> |

86일차

 오늘 배울 국어 **속** 한자

재주 **재**

부수 扌 (手) | 총 3획

才는 주로 '재주'를 뜻하며, 이외에 '재능이 있는 사람', '재치'라는 의미도 지닙니다.

타고난 재능이 남보다 뛰어난 이를 가리키는 '천才, 영才, 수才'에는 모두 才가 쓰입니다. 반대로 보통 사람보다 재능이 모자란 이를 가리키는 '둔才, 열才, 하才'라는 말도 있습니다. 마찬가지로 모두 才가 쓰였지요. 이처럼 사람을 가리키는 말의 끝에 才가 오는 경우 뛰어나거나 모자라는 '재능, 재주'를 뜻합니다.

한자 따라 쓰기 **1** 순서에 맞게 다음 한자를 써 보세요.

才 才 才

才	才					

한자 구별하기 **2** 다음 중 '재주 재'를 찾아 동그라미를 치세요.

子　戈　才　寸　丈　才

✔ 태어날 때부터 남들보다 뛰어난 재능을 가진 사람을
이르는 말은?

 천

✔ 둔한 재주, 재주가 둔한 사람을 뜻하는 말은?

 둔

✔ 어린아이의 귀여운 재주를 이르는 말은?

 롱

✔ 눈치 빠르고 능숙하게 처리하는 재주 또는 능란한 말솜씨를
뜻하는 말은?

 치

한자 연결하기 4 각 뜻풀이를 읽고 알맞은 단어를 찾아 바르게 연결해 보세요.

재주와 능력 • • 才담

뛰어난 재능이 있는 사람 • • 才능

재치 있게 하는 재미난 말 • • 영才

재주가 많음 • • 다才

머리가 좋고 재주가 뛰어난 사람 • • 수才

세상에 드물게 뛰어난 재능이나
그런 재능을 가진 사람 • • 귀才

국어 ⇦ 한자 찾기 5 다음 글을 읽고 '재주 재'가 들어간 우리말에 동그라미를 치세요.

엄마는 봄이가 유아 때부터 여러 방면에서 재능이 많다는 사실을 알게 됐다. 봄이는 노래도 잘하고
그림도 잘 그렸다. 재치 있는 말주변으로 엄마를 놀라게 한 적도 적지 않다. 엄마는 봄이가 천재는
아니더라도 최소한 수재나 영재로 자라리라는 기대를 품고 영재교육원에 보냈다. 그런데 재롱도 잘
떨고 발랄했던 봄이가 교육원에 다닌 뒤부터 시무룩한 표정으로 돌아온 날이 잦자 엄마는 의아했다.

QUIZ 다음 중 '재주 재'가 쓰이지 않은 단어를 찾아 동그라미를 치세요.

둔재   재학   재롱   재담   다재   귀재

오늘 배울 국어 속 한자

神은 '귀신', '신'을 뜻하며, 이외에 '신기하다', '신성하다', '영혼', '마음', '정신'이라는 의미도 지닙니다.

'조상神'의 神과 '정神'의 神은 어떤 관련이 있을까요? 둘 다 신적인 존재를 가리키는 말일까요? 여기서 神은 눈으로 볼 수 없고 손으로도 만질 수 없는 성격의 다른 존재를 가리킵니다. 종교에서 말하는 '神', 제사를 올리는 대상인 '조상神', 영혼이나 마음을 가리키는 '정神'은 모두 뚜렷한 형태가 없어 눈에 보이진 않지만 분명 존재한다고 여겨지지요.

귀신 신

부수 示 | 총 10획

한자 따라 쓰기 **1** 순서에 맞게 다음 한자를 써 보세요.

神 神 神 神 神 神 神 神 神 神

神	神						

한자 구별하기 **2** 다음 중 '귀신 신'을 찾아 동그라미를 치세요.

神　柙　神　神　眒　珅

✔ 사람이 죽은 뒤에 남는다고 하는 영혼을 이르는 말은?

귀	

✔ 옛날부터 전해 내려오는 신성한 이야기를 이르는 말은?

	화

✔ 신을 모신 큰 건물을 이르는 말은?

	전

✔ 몸에서 외부의 자극을 중추에 전달하는 실 모양의 기관 또는 사물을 느끼거나 생각하는 힘을 이르는 말은?

	경

한자 연결하기 4 각 뜻풀이를 읽고 알맞은 단어를 찾아 바르게 연결해 보세요.

정신을 잃음 •   • 神령

풍습으로 섬기는 모든 신,
신기하고 기묘함 •   • 실神

영혼이나 마음, 사물을 느끼고
생각하며 판단하는 능력 •   • 정神

신기하고 묘함 또는 그런 일 •   • 神비

신과 같이 성스러운 일,
고결하고 거룩함 •   • 神통력

보통의 사람이 할 수 없는 일을
해낼 수 있는 신기한 힘이나 능력 •   • 神성

국어 ⇨ 한자 찾기 5 다음 글을 읽고 '귀신 신'이 들어간 우리말에 동그라미를 치세요.

그리스 신화에 나오는 여러 신들은 인간을 닮았다. 이들은 커다란 신전에 사는, 신비한 능력을 갖춘 신성한 존재이지만 화내고, 싸우고, 사랑하고, 질투하고, 토론하고, 편을 가르는 건 인간과 다르지 않다. 인간은 신전에 신을 모셔두고 제물을 바친다. 신이 인간을 닮은 건 자신들의 신통력을 발휘해 인간을 만들었기 때문이라고 하지만 혹시 그 반대는 아닐까?

QUIZ 다음 중 '귀신 신'이 쓰이지 않은 단어를 찾아 동그라미를 치세요.

신비	신체	신령	신경	실신	정신

오늘 배울 **국어** 속 **한자**

아이 동

부수 立 l 총 12획

童은 주로 '아이', '어린아이', '어린이'를 뜻하며, 이외에 '어리다'라는 의미도 지닙니다.

'童화, 童요, 童시'에 쓰인 童은 '어린이를 위한, 어린이의 생각과 감정을 표현하는'을 뜻하며, '童심'의 童은 '어린이와 같은 순진한'을 뜻합니다. 이외에도 '나이 어린 승려'를 가리키는 '童자승'의 童은 '나이가 어린'을 의미하고, '나이가 든 사람이 지닌 어린아이 같은 얼굴'을 가리키는 '童안'의 童은 '자기 나이보다 어려 보이는'을 의미하지요. 이처럼 童은 어린아이가 지닌 여러 특성을 가리킬 때 주로 쓰인 답니다.

한자 따라 쓰기 **1** 순서에 맞게 다음 한자를 써 보세요.

童 童 童 童 童 童 童 童 童 童 童 童

童 童

한자 구별하기 **2** 다음 중 '아이 동'을 찾아 동그라미를 치세요.

竜　竟　章　董　童　竞

✔ 어린아이를 뜻하는 말은?

아 |
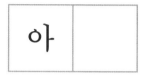

✔ 동심을 바탕으로 하여, 어린이를 위해 지은 이야기를 이르는 말은?

 | 화
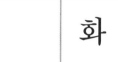

✔ 어린이를 위해 동심을 바탕으로 지은, 어린이의 생활이나 마음 등을 담아 표현한 노래를 이르는 말은?

 | 요

✔ 어릴 때 머리를 깎고 출가한 나이가 어린 승려를 뜻하는 말은?

자 | 승

한자 연결하기 4 각 뜻풀이를 읽고 알맞은 단어를 찾아 바르게 연결해 보세요.

행실이 나쁜 **아이**, 장난꾸러기 • • 악**童**

어린아이의 마음 또는 **어린이**와 같이 순진한 마음, **어릴** 적 마음 • • **童**시

주로 어린이를 독자로 하여 **어린이**의 정서를 담아 쓴 시 • • **童**심

어린아이의 얼굴, **아이**처럼 **어려** 보이는 얼굴 • • 목**童**

가축에게 풀을 뜯기며 돌보는 **아이** • • **童**안

머리가 좋고 재주가 뛰어난 **어린아이** • • 신**童**

국어 속 한자 찾기 5 다음 글을 읽고 '아이 동'이 들어간 우리말에 동그라미를 치세요.

어른은 소설을 읽고 어린이는 동화를 읽는다. 어른은 시를 읽고 어린이는 동시를 읽는다. 어른은 가요를 듣고 어린이는 동요를 듣는다. 하지만 요즘 어린이들은 동심을 표현한 동요보다 TV나 인터넷 등의 각종 대중매체를 통해 성인가요를 더 많이 접한다. 그래서인지 순수 동요가 설 자리도 점차 좁아지고 있다.

QUIZ

다음 중 '아이 동'이 쓰이지 않은 단어를 찾아 동그라미를 치세요.

아동 | 목동 | 악동 | 동심 | 신동 | 동창

강할 **강**

부수 弓 | 총 12획

🐻 오늘 배울 국어 **속** 한자

强은 주로 '강하다'를 뜻하며, 이외에 '강제로', '억지로', '강력하다', '세다', '튼튼하다'라는 의미도 지닙니다.

'폭설'은 '갑자기 많이' 쏟아지는 눈을, '대설'은 '많이' 내리는 눈을 가리키는 말입니다. 그렇다면 '强설'은 '폭설'이나 '대설'과 어떻게 다를까요? '强설'의 强은 눈이 세차고 강하게 내리는 기세를 나타냅니다. 눈이 끊임없이 내리든 잠깐 동안만 내리든 많이 내리든 조금 내리든 '몹시 세차고 강하게' 내리는 모습을 묘사한다는 점이 다르지요.

한자 따라 쓰기 **1** 순서에 맞게 다음 한자를 써 보세요.

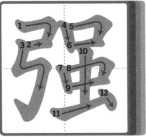

强 强 强 强 强 强 强 强 强 强 强 强

强	强				

한자 구별하기 **2** 다음 중 '강할 강'을 찾아 동그라미를 치세요.

張 弾 媛 張 弪 强

✔ 말이나 글에서 어떤 것을 특별히 강하게 주장하거나 두드러지게 표현하는 것을 뜻하는 말은?

	조

✔ 어떤 대상을 세게 침 또는 태풍이 거세게 들이치는 것을 비유적으로 이르는 말은?

	타

✔ 매우 강한 바람, 세게 부는 바람을 이르는 말은?

	풍

✔ 강제로 남의 재물을 빼앗는 도둑을 이르는 말은?

	도

한자 연결하기 **4** 각 뜻풀이를 읽고 알맞은 단어를 찾아 바르게 연결해 보세요.

힘이 세고 **강함**,
효력이나 영향이 **강함** •   • **强**점

유리하고 **강력한** 점   •   • **强**력

보태고 채워서 더 **튼튼하게** 함   •   • 보**强**

강한 정도, **센** 정도   •   • **强**제

힘이 **강하고** 실력이 뛰어나
대적하기 힘든 상대   •   • **强**호

원하지 않는 일을 **억지로** 시킴   •   • **强**도

국어 ⇨ 한자 찾기 **5** 다음 글을 읽고 '강할 강'이 들어간 우리말에 동그라미를 치세요.

해마다 태풍이 점점 더 강력해지는 데다 발생하는 횟수도 늘고 있다. 올해 강풍과 호우를 동반하여 한반도를 강타한 태풍들은 이전보다 더 많은 피해를 일으켰다. 태풍 경보가 발효되면 해안 지역에서는 혹시나 모를 사고에 대비해 시설물을 보강하는 등 만반의 준비를 해야 한다. 기상학자들은 태풍의 발생 빈도 및 강도가 점차 커지는 현상이 해수면 온도 상승과 관련이 있다고 강조한다.

QUIZ 다음 중 '강할 강'이 쓰이지 않은 단어를 찾아 동그라미를 치세요.

강점	강조	강제	보강	강사	강호

오늘 배울 국어 **속** 한자

약할 **약**

부수 弓 | 총 10획

弱은 주로 '약하다'를 뜻하며, 이외에 '불리하다'라는 의미도 지닙니다.

'빈弱'은 주로 '가난하고 힘이 없음'이라는 의미로 쓰입니다. 그럼 '근육이 빈약하다'는 말은 무슨 의미일까요? 여기서 '빈(貧)'은 '모자라거나 부족한' 상태를, '弱'은 '제대로 갖추어지지 못해 충분하지 않은' 상태를 가리킵니다. 다시 말해 '몸에 근육이 부족하거나 제대로 발달되지 못한' 상태를 가리키지요. 마찬가지로 몸이 약한 사람을 가리키는 말인 '弱골'도 '제대로 갖춰지지 않은 약한 골격', 즉 '몸이 허약함'을 뜻합니다.

한자 따라 쓰기 **1** 순서에 맞게 다음 한자를 써 보세요.

弱 弱 弱 弱 弱 弱 弱 弱 弱 弱

弱	弱						

한자 구별하기 **2** 다음 중 '약할 약'을 찾아 동그라미를 치세요.

弲　　弢　　矸　　豞　　弱　　弰

한자 완성하기 3 각 질문을 읽고 알맞은 한자를 써넣어 단어를 완성해 보세요.

✔ 다른 사람에 비해 부족해서 불리한 점을 뜻하는 말은?

점

✔ 힘이나 기세가 약한 사람을 이르는 말은?

자

✔ 물가 등이 떨어지거나 세력이나 기세가 약함을 뜻하는 말은?

세

✔ 몸에 힘이나 기세가 점점 줄어서 약해는 것을 뜻하는 말은?

쇠

한자 연결하기 4 각 뜻풀이를 읽고 알맞은 단어를 찾아 바르게 연결해 보세요.

<u>약하게</u> 됨 • • 연弱

연하고 **약함** • • 취弱

단단하지 못하고 **약함** • • 弱화

병을 앓아 몸이 쇠하고 **약함** • • 허弱

의지가 **약함** • • 나弱

마음이나 몸이 **약함** • • 병弱

국어 속 한자 찾기 5 다음 글을 읽고 '약할 약'이 들어간 우리말에 동그라미를 치세요.

흔히 몸과 마음은 하나로 연결돼 있다고 한다. 몸이 튼튼하면 정신도 건강해지고 몸이 허약하면 마음도 나약해지기 쉽다. 『운동화를 신은 뇌』의 저자 존 레이티는 정신이 쇠약해지는 것을 막고 우울증에 시달리지 않으려면 신체 건강부터 챙기라고 말한다. 몸 건강에 취약한 환경이 건강한 정신을 파괴한다는 것이다. 그러면서 운동이야말로 신체의 약점을 보완하고 뇌와 정신, 마음을 두루 관리할 수 있는 비결이라고 전한다.

QUIZ 다음 중 '약할 약'이 쓰이지 않은 단어를 찾아 동그라미를 치세요.

연약   약국   약자   취약   병약   약세

오늘 배울 국어 **속** 한자

소리 **음**

부수 音 | 총 9획

音은 주로 '소리', '음'을 뜻하며, 이외에 '음악'이라는 의미도 지닙니다. '음악'은 박자, 음색, 화성 등을 같가지 형식으로 조화롭게 결합시켜, 목소리나 악기로 연주하는 것을 말하지요.

'잡음, 소음, 방음'의 음은 일반적인 '소리'를 가리키는 반면, '화음, 음정, 음색'의 음은 음악을 구성하는 진동인 '음'을 말합니다. 따라서 '소음'은 일반적인 '시끄러운 소리'를, '음정'은 음악에서 '다른 한 음과 다른 음의 높이 차이'를 뜻하는 말이지요.

한자 따라 쓰기 1 순서에 맞게 다음 한자를 써 보세요.

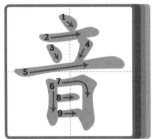

音 音 音 音 音 音 音 音 音

音	音				

한자 구별하기 2 다음 중 '소리 음'을 찾아 동그라미를 치세요.

�महm 昔 啇 晋 音 童

한자 완성하기 3 각 질문을 읽고 알맞은 한자를 써넣어 단어를 완성해 보세요.

✔ 나중에 다시 들을 수 있도록 소리를 기록하거나 그렇게 기록한 소리를 뜻하는 말은?

| 녹 | |

REC

✔ 소리가 밖으로 새어 나가거나 안으로 들어오지 못하도록 막는 것을 이르는 말은?

| 방 | |

✔ 혀나 입술을 이용해 소리를 내는 일을 뜻하는 말은?

| 발 | |

✔ 음의 길이와 높낮이를 나타내는 기호를 이르는 말은?

| | 표 |

한자 연결하기 4 각 뜻풀이를 읽고 알맞은 단어를 찾아 바르게 연결해 보세요.

코로 내는 **소리**로
코가 막힌 듯이 내는 **소리**   •   • 비**音**

사람의 목**소리**나 말**소리**   •   • 화**音**

높이가 서로 다른 **음**이
함께 어울리는 소리   •   • **音**성

높고 크게 내는 **소리**   •   • 소**音**

불쾌하고 시끄러운 **소리**   •   • 고**音**

음에 대한 감각이 무딘 상태나
그런 사람   •   • **音**치

국어 속 한자 찾기 5 다음 글을 읽고 '소리 음'이 들어간 우리말에 동그라미를 치세요.

진완이는 노래 실력에 남다른 자부심을 갖고 있다. 발음이 정확한 편이고, 어려서부터 피아노를 배워서인지 음표도 잘 구분한다. 자신의 음성을 노래로 녹음해 길이길이 남기고 싶다는 진완이가 고음으로 노래를 하면 친구들은 자리를 슬슬 피한다. 실은 지독한 음치이기 때문이다. 진완이는 자기 노래를 음악이라고 하지만 친구들은 소음이라고 말한다.

QUIZ

다음 중 '소리 음'이 쓰이지 않은 단어를 찾아 동그라미를 치세요.

방음   비음   다음   녹음   화음   소음

197

오늘 배울 국어 속 한자

즐거울 **락(낙)**, 노래 **악**, 좋아할 **요**

부수 木 I 총 15획

樂은 '즐거워하다'를 뜻할 때는 '**락**(낙)'으로, '음악'을 뜻할 때는 '**악**'으로, '좋아하다'를 뜻할 때는 '**요**'로 읽습니다.

'樂기, 樂보, 농樂'의 樂은 '음악'을 뜻하고, '쾌樂, 안樂, 樂원'의 樂은 '즐겁다'를 뜻합니다. 악기를 연주하며 흥에 겨워 즐거워하는 사람들을 떠올리면 '음악'과 '즐겁다'의 연관성이 쉽게 연상되지요.

'樂산樂수'는 '**요**산**요**수'로 읽고, '산을 좋아하고 물을 좋아하다'라는 뜻입니다. 자연이나 경치를 즐기는 것을 의미하지요.

한자 따라 쓰기 1 순서에 맞게 다음 한자를 써 보세요.

樂 樂 樂 樂 樂 樂 樂 樂 樂 樂 樂 樂 樂 樂 樂

樂 樂

한자 구별하기 2 다음 중 '즐거울 락, 노래 악, 좋아할 요'를 찾아 동그라미를 치세요.

藥 琹 孿 樂 榮 㮾

한자 완성하기 3 각 질문을 읽고 알맞은 한자를 써넣어 단어를 완성해 보세요.

✔ 여유 시간에 기분을 즐겁게 하기 위해 여러 방법으로 즐기는 일을 뜻하는 말은?

오	

✔ 목소리나 악기로 연주하는 것을 뜻하는 말은?

음	

✔ 사람의 목소리로 하는 음악을 이르는 말은?

성	

✔ 우리나라 고유의 전통 음악을 이르는 말은?

국	

한자 연결하기 4 각 뜻풀이를 읽고 알맞은 단어를 찾아 바르게 연결해 보세요.

유쾌하고 **즐거움** • • 쾌**樂**

편안하고 **즐거움** • • **樂**관

인생을 **즐겁게** 여김, 앞일이 잘 될 거라 희망적으로 봄 • • 안**樂**

음악을 글자나 기호로 적어 놓은 것 • • 동고동**樂**

괴로움과 **즐거움**을 함께 함 • • **樂**보

소리를 내어 **음악**을 연주하는 데 쓰는 기구 • • **樂**기

국어 속 한자 찾기 5 다음 글을 읽고 '즐거울 락, 노래 악, 좋아할 요'가 들어간 우리말에 동그라미를 치세요.

요즘 음악계는 다양한 융합을 시도하고 있다. 국악을 공부한 소리꾼이 발라드 가요를 불러 인기를 얻기도 하고, 성악을 전공한 음악가가 트로트 가수로 변신해 대중에게 많은 사랑을 받기도 하며, 전통 악기와 서양 악기를 접목시켜 새로운 장르의 음악을 만들어 내기도 한다. 이 같은 융합의 결과가 오락성과 작품성 모두 높은 평가를 받는 경우가 많아 대중도 이런 경향을 낙관적인 시선으로 바라본다.

QUIZ 다음 중 '즐거울 락, 노래 악, 좋아할 요'가 쓰이지 않은 단어를 찾아 동그라미를 치세요.

| 악보 | 쾌락 | 동고동락 | 안락 | 낙관 | 타락 |

오늘 배울 국어 속 한자

短

짧을 **단**

부수 矢 | 총 12획

短은 주로 '짧다'를 뜻하며, 이외에 '모자라다', '줄이다'라는 의미로도 쓰입니다.

'장점과 短점'이 긍정적인 것과 부정적인 것, 유리한 점과 불리한 점, 강한 점과 약한 점의 대비를 나타내는 데서 알 수 있듯 短은 대체로 장(長)에 비해 모자라거나 열등한 것을 나타냅니다. 하지만 음악에서 '장과 단'의 의미는 조금 다르답니다. '장조' 음악이 밝고, 가볍고, 경쾌한 느낌을 준다면 '短조' 음악은 어둡고, 웅장하고, 슬픈 느낌을 주지요. 그렇다고 해서 단조가 장조보다 열등한 음악이라고 하진 않습니다. 음악적 표현 방식이 다를 뿐이지요.

한자 따라 쓰기 1 순서에 맞게 다음 한자를 써 보세요.

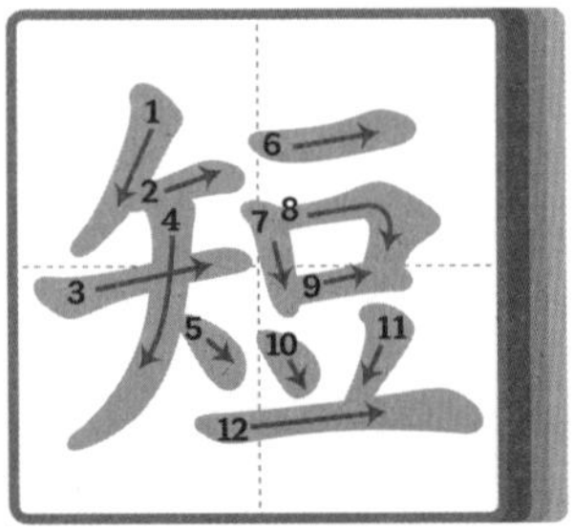

短 短 短 短 短 短 短 短 短 短 短 短

短 短

한자 구별하기 2 다음 중 '짧을 단'을 찾아 동그라미를 치세요.

梪 [illegible] 短 牾 铻 裋

한자 완성하기 3 각 질문을 읽고 알맞은 한자를 써넣어 단어를 완성해 보세요.

✔ 머리카락을 짧게 자른 것을 이르는 말은?

	발

✔ 키가 작은 몸을 뜻하는 말은?

	신

✔ 짤막하게 지은 글로 길이가 짧은 소설이나 짤막한 영화 등을 이르는 말은?

	편

✔ 짧은 거리를 뜻하는 말은?

	거	리

한자 연결하기 4 각 뜻풀이를 읽고 알맞은 단어를 찾아 바르게 연결해 보세요.

짧은 기간 • • **短**축

시간, 거리 등을 **짧게 줄이**거나 **줄어**듦 • • **短**점

모자라거나 흠이 되는 점 • • **短**기간

길고 **짧음**, 장점과 단점 • • **短**명

가장 **짧음** • • 장**短**

목숨이 **짧음**, 명이 **짧아** 일찍 죽음 • • 최**短**

국어 속 한자 찾기 5 다음 글을 읽고 '짧을 단'이 들어간 우리말에 동그라미를 치세요.

학교 육상부원인 정훈이는 우사인 볼트처럼 세계적인 단거리 선수가 되는 게 꿈이다. 육상부에 들어간 지는 채 일 년이 되지 않았지만 매일같이 훈련한 덕인지 단기간에 기량이 크게 향상됐다. 최근에는 달리기 자세의 단점도 개선되고 100미터 기록도 많이 단축됐다고 감독님께 칭찬을 듣기도 했다. 정훈이는 오늘도 한국의 우사인 볼트를 꿈꾸며 운동장에서 값진 땀을 흘리며 달린다.

QUIZ 다음 중 '짧을 단'이 쓰이지 않은 단어를 찾아 동그라미를 치세요.

장단	단발	단축	단편	최단	단어

오늘 배울 **국어 속 한자**

친할 **친**

부수 見 | 총 16획

親은 주로 '친하다'를 뜻하며, 이외에 '가깝다', '직접'이라는 의미도 지닙니다.

親은 본래 가장 가까운 사이인 부모님을 뜻했습니다. 예를 들어 '부親'이 아버지, '모親'이 어머니를 정중하게 이르는 말이라면, '親형, 親동생'은 같은 부모에게서 태어난 형과 동생을 이르는 말이지요. 그러다 나중에 '親척, 親구'처럼 한 가족을 벗어난 가까운 사이를 뜻하는 말에도 쓰이게 되었답니다. 나아가 친밀한 느낌을 전할 수 있도록 손수 쓴 글씨를 뜻하는 '親필'에서처럼 '직접'이라는 의미로 쓰이기도 합니다.

한자 따라 쓰기 **1** 순서에 맞게 다음 한자를 써 보세요.

親 親 親 親 親 親 親 親 親 親 親 親 親 親 親 親

親	親						

한자 구별하기 **2** 다음 중 '친할 친'을 찾아 동그라미를 치세요.

靚　視　覯　新　報　親

✔ 예전부터 친하게 사귀어 온 사람을 뜻하는 말은?

 구

✔ 혈연으로 이어지는 관계로 촌수가 가까운 일가를 이르는 말은?

 척

✔ 타인을 대하는 태도가 친근하고 정다움을 뜻하는 말은?

 절

✔ 생김새나 성질이 아버지나 할아버지를 닮음을 이르는 말은?

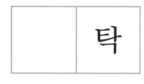 탁

한자 연결하기 **4** 각 뜻풀이를 읽고 알맞은 단어를 찾아 바르게 연결해 보세요.

서로 관계가 **친하여** 화목함 · · 親숙

다른 사람들과 **친하게** 잘 어울리는 힘 · · 親애

친하여 익숙하고 허물이 없음 · · 親목

아주 **가깝고 친한** 정분 · · 親화력

사이가 매우 **친하고 가까움** · · 親밀

매우 **가깝고 친하게** 여기며 사랑함 · · 親분

국어 ⇨ 한자 찾기 **5** 다음 글을 읽고 '친할 친'이 들어간 우리말에 동그라미를 치세요.

봄이는 친구들 사이에서 인기가 많다. 가까운 사람들을 친절하게 대하는 봄이는 조금 친숙해졌다고 언행을 함부로 하는 법이 없다. 이런 봄이를 누군들 좋아하지 않을까? 하지만 봄이 자신은 친화력이 부족하다고 여긴다. 사실 봄이는 낯선 사람에게 먼저 다가가 말을 걸지 못한다. 하지만 봄이와 조금씩 친분이 쌓이고 친밀해지면 친절한 봄이의 본모습도 조금씩 드러난다.

QUIZ 다음 중 '친할 친'이 쓰이지 않은 단어를 찾아 동그라미를 치세요.

| 친탁 | 친척 | 친애 | 친목 | 친숙 | 키친 |

사랑 애

부수 心 | 총 13획

🐻 **오늘 배울 국어 속 한자**

愛는 주로 '사랑하다'를 뜻하며, 이외에 '좋아하다', '친밀하다'라는 의미로도 쓰입니다.

'시간이나 돈을 아까워하지 않고 선뜻 내어줌'을 뜻하는 '할愛'에는 왜 愛가 쓰였을까요? 愛는 본래 '아끼다'라는 뜻이었습니다. 상대를 친밀하게 여겨 아껴주는 것을 뜻하기도 하고, 물건을 절약하고 아끼는 것을 뜻하기도 합니다. 앞의 뜻을 지금은 '사랑한다' 또는 '좋아한다'고 표현하지요. '할(割)'은 '끊다, 자르다'라는 뜻이고, 愛는 '아끼다'라는 뜻이므로 '할愛'를 직역하면 '아까워하는 마음을 끊다'가 됩니다. 아까워하는 마음을 끊으니 더이상 아까워하지 않고 선뜻 내어줄 수 있게 되는 것이지요.

한자 따라 쓰기 1 순서에 맞게 다음 한자를 써 보세요.

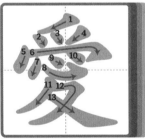

愛 愛 愛 愛 愛 愛 愛 愛 愛 愛 愛 愛 愛

愛	愛						

한자 구별하기 2 다음 중 '사랑 애'를 찾아 동그라미를 치세요.

覓 奚 受 爰 愛 爲

✔ 나라를 사랑하는 마음을 이르는 말은?

	국

✔ 서로 이성적인 매력을 느끼고 사랑해서 사귀는 것을 뜻하는 말은?

연	

✔ 형제 또는 친구 사이의 사랑이나 정을 이르는 말은?

우	

✔ 어떤 사물을 몹시 사랑하여 떨어질 수 없음 또는 그런 마음을 뜻하는 말은?

	착

한자 연결하기 **4** 각 뜻풀이를 읽고 알맞은 단어를 찾아 바르게 연결해 보세요.

사랑하는 마음 • • 愛칭

아내를 각별히 아끼고 **사랑하는** 남편 • • 愛처가

본이름 대신 **친밀하게** 부르는 이름 • • 愛정

좋아하여 즐겨 자주 사용함 • • 최愛

한쪽만을 치우치게 **사랑함** • • 편愛

가장 **사랑함** • • 愛용

국어 ⇔ 한자 찾기 **5** 다음 글을 읽고 '사랑 애'가 들어간 우리말에 동그라미를 치세요.

'최애'는 '가장 애정하다, 가장 아끼다'라는 뜻으로, 근래에 학생들이 자주 사용하는 용어다. 예를 들어 '최애 컵'은 평소 가장 애용하는 컵이고, '최애 운동화'는 가장 애착이 가는 운동화를 말한다. 가장 친한 친구의 애칭으로 이름 앞에 '최애'를 붙이기도 한다. 신조어라고 생각하는 사람이 많지만 실은 엄연히 표준어로 등록된 말이다.

QUIZ 다음 중 '사랑 애'가 쓰이지 않은 단어를 찾아 동그라미를 치세요.

애처가	우애	애칭	편애	생애	애국

오늘 배울 국어 **속** 한자

用은 '쓰다', '사용하다'를 뜻합니다.

'혼用'과 '겸用'은 언뜻 의미가 비슷해 보이지만 쓰임새가 다릅니다. '혼用'은 서로 다른 두 가지를 구별하지 않고 '섞어 씀'을, '겸用'은 한 가지를 여러 목적으로 '겸해 씀'을 뜻하지요. 가령 '우리말과 영어를 혼용하다'에서 볼 수 있듯 '혼용'은 서로 다른 두 가지 이상을 섞어서 쓰는 것을 가리키는 반면, '겸용'은 '소파 겸용 침대'에서처럼 하나를 여러 용도로 쓰는 것을 뜻하는 말입니다.

쓸 용

부수 用 | 총 5획

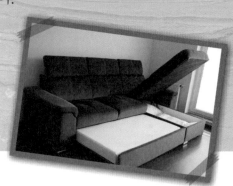

한자 따라 쓰기 **1** 순서에 맞게 다음 한자를 써 보세요.

用 用 用 用 用

用	用			

한자 구별하기 **2** 다음 중 '쓸 용'을 찾아 동그라미를 치세요.

乒　甩　申　甪　甲　用

✔ 한 번 쓰고 버리는 물품을 이르는 말은?

일	회		품

✔ 어떤 일에 쓰이는 종이를 뜻하는 말은?

	지

✔ 못 쓰게 된 물품 등을 고쳐서 다시 쓰거나 용도를 바꾸는 것을 뜻하는 말은?

재	활	

✔ 어떤 일을 하는 데 쓰이는 돈을 이르는 말은?

비	

한자 연결하기 4 각 뜻풀이를 읽고 알맞은 단어를 찾아 바르게 연결해 보세요.

나쁘게 **사용함** • • 사**用**

사물을 필요나 소용에 맞게 **씀** • • 대**用**

대신하여 다른 것을 **씀** 또는 그런 물건 • • 악**用**

여러 가지 **쓰임**새 • • 남**用**

주로 어떤 분야에서 전문적으로 **사용하는** 말 • • **用**어

정해진 기준이 넘는 양을 함부로 **씀** • • 다**用**도

국어 속 한자 찾기 5 다음 글을 읽고 '쓸 용'이 들어간 우리말에 동그라미를 치세요.

일상생활에서 지구를 지키는 방법은 의외로 많다. 가령 장을 보러 갈 때는 장바구니나 천으로 된 다용도 가방을 가져가 비닐봉지 대용으로 쓴다. 음료를 마실 때는 개인컵(텀블러)을 휴대하여 일회용품을 남용하지 않는다. 쓰레기를 버릴 때는 종류별로 분리해 자원을 재활용한다. 지구 곳곳에서는 제로 웨이스트(쓰레기를 최소화하기)라는 용어를 사용한 캠페인을 벌여 이 같은 일상의 작은 실천들을 권장한다.

QUIZ 다음 중 '쓸 용'이 쓰이지 않은 단어를 찾아 동그라미를 치세요.

용지	다용도	비용	무용	용어	악용

이로울 **리(이)**

부수 刂(刀) | 총 7획

오늘 배울 국어 속 한자

利는 '이롭다', '유익하다', '이익'을 뜻합니다.

환경운동으로 유명한 국제기구인 그린피스(Greenpeace)는 흔히 '비영리 단체'라고 합니다. 여기서 '영(營)'은 '운영하다, 꾀하다'를 뜻하고, '이로울 **리**'와 함께 쓰인 '영리'는 '이익을 꾀함'을 뜻합니다. 앞에 '아닐 비(非)'가 쓰인 '비영리' 단체는 말 그대로 '이익을 꾀하지 않는 단체'를 말합니다. 자선 단체나 구호 단체 등 '금전적 이익'을 목적으로 하지 않는 단체들이 비영리 단체에 속하지요. 반대로 '영리' 단체는 이익을 위해 활동하는 단체, 즉 일반 기업을 말한답니다.

한자 따라 쓰기 1 순서에 맞게 다음 한자를 써 보세요.

利 利 利 利 利 利 利

利	利					

한자 구별하기 2 다음 중 '이로울 리'를 찾아 동그라미를 치세요.

秆　　秆　　利　　私　　科　　秈

한자 완성하기 3 각 질문을 읽고 알맞은 한자를 써넣어 단어를 완성해 보세요.

✔ 어떤 대상과 겨루어 이김을 뜻하는 말은?

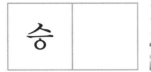

승 |

✔ 정신적, 물질적으로 유익하고 도움이 됨을 뜻하는 말은?

 | 익

✔ 편하고 이로우며 이용하기 쉬움을 뜻하는 말은?

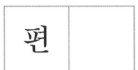

편 |

✔ 옳지 않은 방법을 사용하여 지나치게 많이 남기는 이익을 이르는 말은?

폭 |

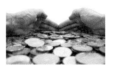

한자 연결하기 4 각 뜻풀이를 읽고 알맞은 단어를 찾아 바르게 연결해 보세요.

이익을 얻거나 얻은 이익　　•　　• **利**자

물건을 팔아 **이익**이 된 돈　　•　　• **利**윤

돈을 빌려주고 그 대가로
일정하게 받는 **이익**이 되는 돈　　•　　• **利**득

이익과 손해　　•　　• **利**해

조건이나 입장 등이 **이롭지** 않음　•　　• **利**기적

자신의 **이익**만을 차리려
힘쓰는 모양새　　•　　• 불**利**

국어⇨한자 찾기 5 다음 글을 읽고 '이로울 리'가 들어간 우리말에 동그라미를 치세요.

기업의 목적은 경제적 이익을 얻는 것이다. 그러나 최근 기업들은 경제 활동으로 창출한 이윤의 일부를 사회에 환원하거나 폭리 구조가 아닌 공정한 이득 추구 활동을 통해 '착한 기업' 이미지를 구축하는 데 많은 비용을 들인다. 하지만 이 역시 이해와 득실을 철저하게 계산하는 전형적인 기업 활동이라 할 수 있다. 소비자는 '착한 소비'를 했다는 데서 위안을 받지만 이 역시 돈을 주고 제품을 구입하는 행위이기 때문이다.

QUIZ 다음 중 '이로울 리'가 쓰이지 않은 단어를 찾아 동그라미를 치세요.

| 이자 | 이사 | 이기적 | 불리 | 이득 | 승리 |

 오늘 배울 국어 속 한자

使는 주로 '부리다', '시키다'를 뜻하며, 이외에 '파견되다', '쓰다', '맡기다', '가령(만일)'이라는 의미도 지닙니다.

혹시나 있을지도 모를 경우를 나타낼 때 쓰는 표현인 '설사 그렇더라도'에서 '설使'는 무엇을 뜻할까요? '설使'의 '설(設)'은 '설정하다'를, 使는 '가정(임시로 정함)하다'를 의미합니다. 따라서 '가정을 설정하여, 가정해서 말하여'라는 의미를 나타내지요. 다른 말로 '설령, 가령'이라고도 합니다.

하여금/부릴 **사**

부수 亻(人) | 총 8획

한자 따라 쓰기 **1** 순서에 맞게 다음 한자를 써 보세요.

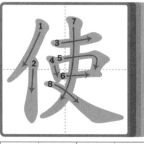

使 使 使 使 使 使 使 使

使	使					

한자 구별하기 **2** 다음 중 '하여금/부릴 사'를 찾아 동그라미를 치세요.

便 使 俩 俥 倸 伸

✔ 천국에서 인간 세계에 파견한 사자로 착한 사람을 비유적으로 이르는 말은?

천	

✔ 명령이나 부탁을 받고 심부름하는 사람 또는 죽은 사람의 혼을 저승으로 잡아가는 일을 맡은 귀신을 이르는 말은?

	자

✔ 나라의 대표로 다른 나라에 파견되어 국가의 일을 처리하는 기관을 이르는 말은?

대		관

✔ 맡겨진 임무 또는 사신이나 사절로서 받은 명령을 뜻하는 말은?

	명

한자 연결하기 **4** 각 뜻풀이를 읽고 알맞은 단어를 찾아 바르게 연결해 보세요.

사물을 기능이나 목적에 맞게 **씀** •　　　　• 혹**使**

말이나 수단 수법 등을 마음대로 능숙하게 다루거나 **부리어 씀** •　　　　• **使**용

몹시 심하게 일을 **시킴** •　　　　• 구**使**

특별한 임무를 받아 외국으로 **파견된** 사람 •　　　　• **使**신

남을 부추겨 좋지 않은 일을 **시킴** •　　　　• **使**주

국가나 임금의 명령을 받고 다른 나라로 **파견** 가는 신하 •　　　　• 특**使**

국어 ⇨ 한자 찾기 **5** 다음 글을 읽고 '하여금/부릴 사'가 들어간 우리말에 동그라미를 치세요.

옛날에는 다른 나라에 사신을 파견하여 외교에 임했지만 지금은 현지에 대사관을 설치하여 해당 나라의 언어를 자유자재로 구사하는 외교관을 상주시켜 외교 업무를 수행하게 한다. 대사관은 외국에서 자기 나라를 대표하고, 해당 국가에 사는 자국민을 보호한다. 간혹 특별한 사명을 받은 특사를 파견할 때도 있지만, 대개는 대사관이 해당 국가와의 외교 관계를 책임지고 수행한다.

QUIZ　다음 중 '하여금/부릴 사'가 쓰이지 않은 단어를 찾아 동그라미를 치세요.

구사	사용	천사	감사	사자	혹사

오늘 배울 국어 속 한자

누를 **황**

부수 黃 | 총 12획

黃은 주로 '누렇다', '누런빛'을 뜻하며, 이외에 '황금', '황제'라는 의미도 지닙니다.

'黃해'와 '서해' 모두 같은 바다를 가리키는 말이지만 다른 이름으로 불립니다. 왜일까요? '서해'는 우리나라 서쪽에 있는 바다를 뜻하고, '黃해'는 그 바닷물이 누런색을 띠고 있어서 붙은 이름이지요. 우리나라의 한강과 중국의 '黃허강'이 서해로 유입되면서 합쳐지는데, 이 '황허강'의 누런 진흙물이 바다로 흘러 들어가면서 누런빛을 띠게 된 것이랍니다.

한자 따라 쓰기 **1** 순서에 맞게 다음 한자를 써 보세요.

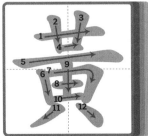

黃 黃 黃 黃 黃 黃 黃 黃 黃 黃 黃 黃

黃	黃				

한자 구별하기 **2** 다음 중 '누를 황'을 찾아 동그라미를 치세요.

菁　革　簧　黃　薑　賷

✔ 누런빛의 금을 뜻하면서 돈이나 재물 등을 비유적으로 이르는 말은?

	금

✔ 누런 모래 또는 주로 중국 등에서 미세한 모레가 바람에 날려 온 하늘이 누렇게 끼는 상태를 이르는 말은?

	사

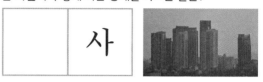

✔ 익은 벼나 황금과 비슷한 누런빛을 이르는 말은?

	색

✔ 중국인의 시조로 여겨지는 건국 신화의 제왕을 이르는 말은?

	제

한자 연결하기 **4** 각 뜻풀이를 읽고 알맞은 단어를 찾아 바르게 연결해 보세요.

누렇고 거무스름한 흙 • • **黃**토

해가 져서 어둑어둑할 무렵 하늘이 **황금**빛으로 물든 때 • • **黃**허강

진흙이 많아 **누런빛**을 띠는 중국의 강 • • **黃**혼

과일의 속살이 **누런(노란)** 복숭아 • • **黃**구

온몸과 눈 등이 **누렇게** 되는 병 • • **黃**달

털 빛깔이 **누런** 개 • • **黃**도

국어 속 한자 찾기 **5** 다음 글을 읽고 '누를 황'이 들어간 우리말에 동그라미를 치세요.

중국에서 황색은 황제를 상징하는 색이다. 황제은 중국인에게 땅과 강을 연상시킨다. 대륙을 가로지르는 황허강 그 주변의 황톳빛 땅은 중국 문명이 시작된 곳이다. 중국 민족의 조상이라고 하는 황제는 백성에게 문자와 음악, 의술을 가르쳤다. 하지만 우리나라 사람들은 황색을 보면 대부분 하늘을 뿌옇게 뒤덮은 황사를 떠올린다.

QUIZ 다음 중 '누를 황'이 쓰이지 않은 단어를 찾아 동그라미를 치세요.

황금	황혼	황폐	황도	황구	황사

100일차

6급 II
중학교 필수

 오늘 배울 국어 속 한자

窓은 '창'과 '창문'을 뜻합니다.

窓은 건물의 안과 밖을 연결해 주는 작은 문을 말하지요? 은행이나 우체국에서 조그맣게 창문을 낸 곳을 가리키는 '窓구'도 안쪽의 직원과 바깥쪽의 손님이 소통하는 곳을 뜻합니다. '안과 밖을 연결하는 역할'을 한다는 의미에서 '대화 窓구', '협상 窓구' 등 외부 기관과 접촉하는 연락 부서를 비유하는 말로도 쓰이지요.

창 **창**

부수 穴 | 총 11획

한자 따라 쓰기 1 순서에 맞게 다음 한자를 써 보세요.

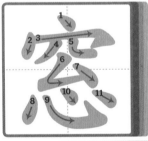

窓 窓 窓 窓 窓 窓 窓 窓 窓 窓 窓

窓	窓				

한자 구별하기 2 다음 중 '창 창'을 찾아 동그라미를 치세요.

窆 突 窕 宏 窓 究

✔ 벽이나 지붕에 만들어 놓은 작은 문을 뜻하는 말은?

 문

✔ 자동차나 기차 등에 달린 창문을 이르는 말은?

차

✔ 쇠로 창살을 만든 창문 또는 감옥을 이르는 말은?

철

✔ 창이나 문에 바르는데 쓰이는 얇은 종이(한지)를 이르는 말은?

호 지

창을 뚫어 놓은 곳,
조그마하게 낸 **창**을 통해 사람과 · · 窓구
응대하고 사무를 보는 곳

같은 **창**, 즉 같은 학교에서
공부를 한 관계 · · 窓호

온갖 **창**과 문의 통칭 · · 동窓

유리판을 낀 **창** · · 채광窓

배움의 **창**가라는 뜻으로
학교에 다니는 일 또는 그 학교 · · 유리窓

햇빛을 받기 위하여 내는 **창문** · · 학窓

오늘은 아빠가 학창 시절에 있었던 이야기를 들려주셨다. 친구들과 야구를 하다 이웃집 유리창을 깬 일, 중학교 동창인 태호 아저씨와 숙제를 해오지 않은 벌로 교실 창문을 일주일 동안 닦은 일, 시골 외할머니 댁에서 재미로 창호지에 구멍을 뚫다가 혼이 난 일 등등. 내 눈에 비치는 우리 아빠는 점잖은 어른이지만 학창 시절 내 나이 또래였던 아빠는 나만큼이나 짓궂은 장난꾸러기였나 보다.

QUIZ 다음 중 '창 창'이 쓰이지 않은 단어를 찾아 동그라미를 치세요.

차창   창고   창구   철창   창호   동창

1 〈보기〉에서 각 빈칸에 알맞은 한자와 뜻을 찾아 써 보세요.

보기
近 | 利 | 使 | 美 | 永 | 弱 | 音 | 短 | 用 | 才

멀 원 | 친할 친 | 누를 황 | 즐거울 락, 노래 악 | 재주 술 | 창 창 | 사랑 애 | 강할 강 | 아이 동 | 귀신 신

遠			術	神	童	强
	가까울 근	길 영	아름다울 미	재주 재			약할 약

	樂	親	愛		黃	窓
소리 음		짧을 단		쓸 용	이로울 리	하여금/부릴 사		

2 각 한자의 틀린 부분을 찾아 바르게 고쳐 써 보세요.

遠	迁	永	美	術	才	神	童	强	弔
멀 원	가까울 근	길 영	아름다울 미	재주 술	재주 재	귀신 신	아이 동	강할 강	약할 약

音	樂	短	親	愛	用	利	便	黃	窊
소리 음	즐거울 락, 노래 악	짧을 단	친할 친	사랑 애	쓸 용	이로울 리	하여금/부릴 사	누를 황	창 창

3 각 빈칸에 알맞은 한자와 뜻을 써 보세요.

近	永	美	才			弱
멀 원			재주 술	귀신 신	아이 동	강할 강

音		短		用	利	使
	즐거울 락, 노래 악		친할 친	사랑 애		누를 황	창 창

4~5 다음 글을 읽고 문제에 답하세요.

　　베토벤과 모차르트는 세계인이 ㉠ **사랑한** 18세기 유럽의 위대한 음악가지만 두 사람의 악보에는 큰 차이가 있다. 쓰고 지우기를 반복한 흔적이 많은 베토벤의 악보와 달리 모차르트의 악보는 깨끗하다. 모차르트의 '천재성'은 머릿속에 있는 ❶ **음악**이 악보로 표현되기까지 그리 많은 시간을 ❷ **사용**할 필요가 없었나 보다. 다섯 살 때 이미 작은 곡을 만들기 시작한 모차르트는 음악 ❸ **신동** 소리를 들으며 아버지와 함께 연주 여행을 떠나기도 했다.

　　천재는 단명한다고 했던가. 모차르트는 35년의 ㉡ **짧은** 생을 살고 떠났지만 엄청난 양의 음악을 만들어냈다. 흔히 베토벤의 교향곡, 슈베르트의 가곡, 쇼팽의 피아노 등 각 음악가의 장기가 있기 마련이지만, 모차르트는 이 모두에서 ❹ **영원**토록 사랑받을 ㉢ **아름다운** 곡을 남겼다.

---

4 다음 중 ❶ ~ ❹의 우리말 소리에 해당하는 한자를 써보세요.

❶ _____　　❷ _____　　❸ _____　　❹ _____

5 다음 중 ㉠ - ㉡ - ㉢의 의미를 나타내는 한자를 골라 보세요.

① 愛 - 短 - 遠　　② 術 - 短 - 美　　③ 親 - 短 - 美　　④ 愛 - 短 - 美

우리말
어휘력을 키워주는

국어 속
한자 Ⅲ

정답

交 (교) 9p

한자 완성하기 3

交통
交제
외交
交환

한자 연결하기 4

국어⇔한자 찾기 5

감염병이 대규모로 유행하면 국내는 물론 다른 나라와의 인적 물적 交流로 큰 영향을 받는다. 감염병 유입을 우려해 비행기나 선박 등의 交通 시설을 이용하는 외국인 입국을 제한하면 外交 관계에 마찰이 생길 수 있고, 수출과 수입 등 물자 交易에도 차질이 생겨 경제적 타격을 입을 수밖에 없다.

QUIZ: 교제 | 교환 | 절교 | 교체 | 교류 | (교실)

通 (통) 11p

한자 완성하기 3

通학
通화
通역
通신

한자 연결하기 4

국어⇔한자 찾기 5

봄이는 학교까지 버스를 타고 通학하는 데 普通 30분 정도 걸린다. 그런데 오늘은 어찌 된 일인지 차량 通行이 원활하지 않았다. 봄이는 큰길을 지나고 나자 비로소 차들이 서행한 이유를 알게 되었다. 한 소녀가 시각장애인 할머니를 모시고 길을 건너고 있었던 것이다. 횡단보도 앞에 정차해 있던 차들은 보행 신호가 바뀌었는데도 두 사람이 通過할 때까지 움직이지 않고 있었다.

QUIZ: 통화 | 소통 | 통보 | 통역 | (필통) | 통신

路 (로) 13p

한자 완성하기 3

차路
수路
선路
미路

한자 연결하기 4

국어⇔한자 찾기 5

이 작고 오래된 도시는 車路과 水路, 迷路처럼 얽혀 있어 처음 방문한 사람은 길을 잃기 일쑤다. 사람과 차가 많이 지나다니는 大路가 없는 건 아니지만 일단 골목으로 들어가면 방금 지나온 經路도 알 수 없을 만큼 낯설게 느껴진다. 설상가상으로 路上이 온통 하얀 눈으로 뒤덮이는 겨울이면 여행객들은 지나온 길이 車路인지 水路인지 지도 분간하지 못한다.

QUIZ: 선로 | 미로 | 진로 | 행로 | 노선 | (서로)

 ...

線 (선) 15p

한자 완성하기 3

곡線
사線
점線
대각線

한자 연결하기 4

국어⇔한자 찾기 5

20××년 ×월 ××일, 스페인 산티아고 데 콤포스텔라시 중앙역 인근에서 고속열차 脫線 사고가 일어났다. 기관사는 제한속도 80km인 曲線 구간에서 알 수 없는 이유로 속도를 줄이지 못했다고 말했다. 사고 원인을 조사 중인 경찰은 사고 당일 역 본부와 열차 간 無線 통신에 混線이 발생한 사실에 주목하고 테러 가능성을 검토하고 있다고 밝혔다.

QUIZ: 경계선 | 국선 | (최선) | 정선 | 강선 | 복선

現 (현) 17p

한자 완성하기 3

現금
現대인
現장
現실

한자 연결하기 4

국어⇔한자 찾기 5

연극 치료란 정신적 육체적 문제를 연극을 활용해 치유하는 심리 치료법을 말한다. 이 치료법은 現實에서 충족되지 못한 바람을 연극이라는 역할 연기를 통해 實現시켜 보는 경험에 초점을 둔다. 연극 치료 現場에서 상처받은 아이들을 돕는 소아정신과 전문의 조OO 씨는 자신의 문제를 역할극에서 적극 表現하는 아이들이 생각과 감정, 행동에 가장 큰 변화를 보인다고 말한다.

QUIZ: 현존 | 출현 | 현창 | 실현 | (현관) | 현상

在 (재) 19p

한자 완성하기 3

在학
在고
在소자
부在

한자 연결하기 4

국어⇔한자 찾기 5

미국 서해안에서 발생한 강진의 영향으로 20일 現在 LA는 도시 전체가 아수라장으로 변했다. 건물이 무너지고 전기와 수도 공급이 끊긴 데다 생필품까지 부족해지자 이재민들은 치안이 不在한 도시 곳곳의 상점들을 약탈하기 시작했다. 약탈에 가담한 이들 가운데는 現在 휴직 중인 공무원과 경찰관도 다수 포함되어 있다는 소식이 전해져 충격을 더하고 있다.

QUIZ: 부재 | 재학 | 잠재 | (재산) | 존재 | 실재

信 (신) 21p

한자 완성하기 3

확	信
信	호
信	앙
서	信

한자 연결하기 4

국어⇨한자 찾기 5

흔히 과학적 사실은 信빙성이 있지만 종교적 信앙은 그렇지 않다고 생각하는 경향이 있다. 하지만 과거에 확信했던 과학적 사실이 후대에 잘못된 지식으로 밝혀지는 경우가 무수히 많고, 종교적 信념이 인간 삶에 현실적인 도움을 주는 경우도 그만큼 많다. 오늘날에는 과학과 종교를 단순히 둘로 나누어 하나는 옳고 하나는 그르다고 보는 사고를 지양한다.

QUIZ: 불신 | 배신 | (변신) | 신호 | 회신 | 확신

號 (호) 23p

한자 완성하기 3

번	號
부	號
등	號
국	號

한자 연결하기 4

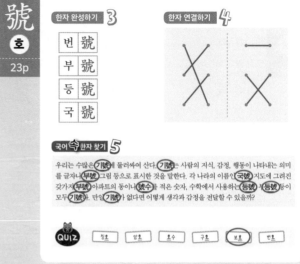

국어⇨한자 찾기 5

우리는 수많은 記號에 둘러싸여 산다. 記號는 사람의 지식, 감정, 행동이 나타내는 의미를 글자나 符號, 그림 등으로 표시한 것을 말한다. 각 나라의 이름인 國號, 지도에 그려진 갖가지 符號, 아파트의 동이나 號수를 적은 숫자, 수학에서 사용하는 等號, 不等號 등이 모두 記號다. 만일 記號가 없다면 어떻게 생각과 감정을 전달할 수 있을까?

QUIZ: 칭호 | 암호 | 호수 | 구호 | (보호) | 번호

番 (번) 25p

한자 완성하기 3

순	番
番	지
결	番
국	番

한자 연결하기 4

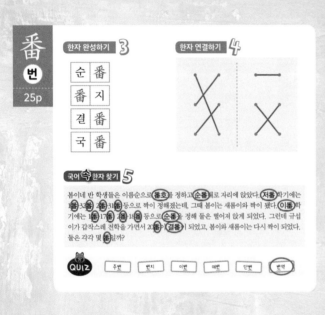

국어⇨한자 찾기 5

봄이네 반 학생들은 이름순으로 番호를 정하고 순番대로 자리에 앉았다. 這番 학기에는 1番 32番 2番 31番 등으로 짝이 정해졌는데, 그때 봄이는 새롬이와 짝이 됐다. 이番 학기에는 1番 17番, 番 18番 등으로 순番을 정해 둘은 떨어져 앉게 되었다. 그런데 규섭이가 갑작스레 전학을 가면서 20番이 결番이 되었고, 봄이와 새롬이는 다시 짝이 되었다. 둘은 각각 몇 番인까?

QUIZ: 주번 | 번지 | 이번 | 매번 | 단번 | (번역)

發 (발) 27p

한자 완성하기 3

출	發
發	달
發	명
發	표

한자 연결하기 4

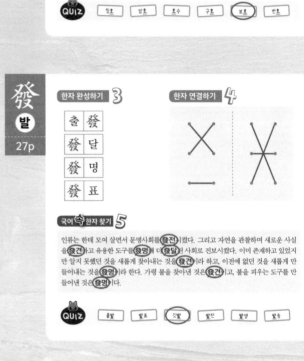

국어⇨한자 찾기 5

인류는 한데 모여 살면서 문명사회를 發전시켰다. 그리고 자연을 관찰하며 새로운 사실을 發견하고 유용한 도구를 發명해 더 發달된 사회로 진보시켰다. 이미 존재하고 있었지만 알지 못했던 것을 새롭게 찾아내는 것을 發견이라 하고, 이전에 없던 것을 새롭게 만들어내는 것을 發명이라 한다. 가령 불을 찾아낸 것은 發견이고, 불을 피우는 도구를 만들어낸 것은 發명이다.

QUIZ: 출발 | 발표 | (깃발) | 발전 | 발생 | 발송

表 (표) 29p

한자 완성하기 3

表	면
表	정
도	表
성 적	表

한자 연결하기 4

국어⇨한자 찾기 5

이제 곧 기말고사다. 지난 학기 成績表를 펴보시던 엄마 얼굴이 떠오른다. 별말씀은 없으셨지만 엄마의 表정에는 걱정이 묻어 있었다. 작년 수해 이재민 돕기 봉사 활동을 다녀와서 表창장을 받았을 때 뿌듯해하시던 얼굴과는 사뭇 다른 表정이었다. 엄마는 감정을 말로 잘 表현하지 않으시지만 대신 얼굴에 감정이 그대로 表출된다. 이번 시험에서는 좀 더 분발해야겠다.

QUIZ: 표명 | 표면 | 성적표 | 표기 | (우표) | 표지

言 (언) 31p

한자 완성하기 3

言	어
言	론
선	言
증	言

한자 연결하기 4

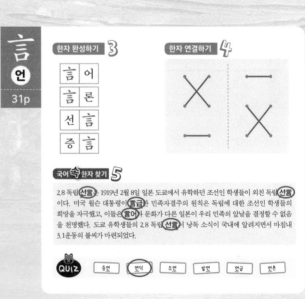

국어⇨한자 찾기 5

2.8 독립宣言은 1919년 2월 8일 일본 도쿄에서 유학하던 조선인 학생들이 외친 독립宣言이다. 미국 윌슨 대통령이 言급한 민족자결주의 원칙은 독립에 대한 조선인 학생들의 희망을 자극했고, 이들은 言어와 문화가 다른 일본이 우리 민족의 앞날을 결정할 수 없음을 천명했다. 도쿄 유학생들의 2.8 독립宣言이 낭독 소식이 국내에 알려지면서 마침내 3.1운동의 불씨가 마련되었다.

QUIZ: 증언 | (언덕) | 포언 | 발언 | 언글 | 언흔

急 급 33p

한자 완성하기 3

긴 急 / 急 행 / 急 증 / 구 急 차

한자 연결하기 4

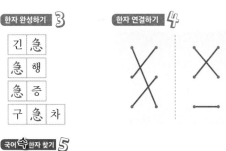

국어 ⇔ 한자 찾기 5

매우 긴急한 일이라도 있는 듯 자동차들이 빠르게 달리고 있었다. 그때 멀리서 응急을 알리는 사이렌 소리가 들려오자 길을 빽빽하게 메우고 있던 차들이 다急히 길을 터주기 시작했다. 어느새 차 하나가 충분히 지나갈 수 있는 길이 생겼고 구急차는 재빨리 그 길을 통과했다. 일제히 길을 터준 자동차들은 時急한 일이라도 있다는 듯 다시 빠르게 속도를 내며 달렸다.

QUIZ 급선우 / 시급 / 급증 / 급격 / (지급) / 위급

行 행, 항 35p

한자 완성하기 3

行 인 / 발 行 / 여 行 / 비 行

한자 연결하기 4

국어 ⇔ 한자 찾기 5

13시간을 비行해 도착한 곳은 스페인의 수도 마드리드. 한국도 뜨거운 한여름이지만 마드리드는 그보다 더 덥다. 그래서인지 行인들의 옷차림도 가볍다. 서울이든 마드리드든 대도시에서 유行하는 옷은 비슷비슷하다. 여行객들은 번화한 마드리드보다 근교 여行을 더 선호한다는 말이 있다. 그중에서도 세고비아와 톨레도는 관광객들이 빼놓지 않고 찾는 관광 명소라고 한다.

QUIZ 발행 / 실행 / 유행 / 행위 / 행진 / (통행)

速 속 37p

한자 완성하기 3

과 速 / 저 速 / 速 보 / 풍 速

한자 연결하기 4

국어 ⇔ 한자 찾기 5

아빠가 운전하는 차를 타 본 사람들은 하나 같이 마음이 편하다고 입을 모은다. 하지만 가끔씩 뒤차가 시끄럽게 경적을 울릴 때가 있다. 규정 速度를 지키는 아빠 차를 향해 저速운행을 한다고 불만을 표하는 것이다. 아빠는 말씀하신다. "速度가 경쟁력이라고들 하지. 그래서 다들 매사에 조급해진 것 같구나. 과速 차량이 늘고 速성 과정이 생겨나는 것도 조급함 때문이겠지."

QUIZ 조속 / 저속 / 풍속 / 속결 / (약속) / 속보

運 운 39p

한자 완성하기 3

運 반 / 運 전 / 運 하 / 비 運

한자 연결하기 4

국어 ⇔ 한자 찾기 5

1869년 11월 수에즈 運하가 완공되면서 유럽과 아시아를 오가는 선박 運行 시간이 24일이나 단축되 運送 비용과 시간을 획기적으로 줄일 수 있게 되었다. 이집트는 이를 계기로 부강한 나라로 거듭나려 했다. 하지만 運하의 막대한 이익을 둘러싸고 주변 강국들이 각축을 벌이면서 이집트는 영국의 식민지가 되는 비運을 겪고 말았다.

QUIZ 운반 / 운영 / 운행 / 운전 / 기운 / (운둔)

銀 은 41p

한자 완성하기 3

銀 색 / 銀 상 / 銀 박 지 / 銀 행

한자 연결하기 4

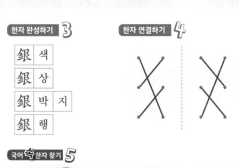

국어 ⇔ 한자 찾기 5

까마귀와 까치가 銀하수에 다리를 놓아 견우와 직녀를 만나게 해준다는 칠석날 밤. 부슬부슬 비가 내린다. 저 멀리 기다란 銀발을 휘날리며 걸어오는 사람이 보인다. 銀색 소복 차림이다. 점점 빠른 걸음으로 다가오자 나는 숨이 턱 막힌다. 도망가려 하지만 발이 안 떨어진다. 바로 앞까지 다가온 그가 銀장도를 꺼내 든다. "이 녀석, 또 TV를 켜놓고 잤네. 얼른 일어나!"

QUIZ 수은 / 은발 / 은행 / 금은괴 / (은혜) / 은박지

郡 군 43p

한자 완성하기 3

郡 청 / 郡 수 / 郡 민 / 郡 의 원

한자 연결하기 4

국어 ⇔ 한자 찾기 5

우리나라 기초지방자치단체인 각 郡에는 郡별로 행정사무를 맡아보는 郡청이 있다. 郡청의 우두머리인 郡수는 4년마다 선거를 통해 선출되므로 郡민의 신임을 얻기 위해 노력해야 한다. 郡청과 郡의회는 행정부와 국회의 관계와 같다. 郡의원들은 郡의 법인 조례를 제정하거나 예산안 등을 심의하고 郡청은 이를 집행한다. 둘의 상호 협력으로 郡은 안정적으로 운영될 수 있다.

QUIZ 근내 / 전군 / 군수 / 시군 / 근립 / (군민)

京
경
45p

한자 완성하기 3

귀	京

京	기	도

북	京

동	京

한자 연결하기 4

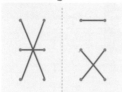

국어 속 한자 찾기 5

"말은 제주로 보내고 사람은 서울로 보내라."는 말이 있다. 그 때문일까? 학교와 직장을 찾아 **上京**하는 인구가 매년 늘고 있다. 우리나라 인구 5천만 명 중 서울과 인천 **京기도** 등에 사는 수도권 인구가 절반이 넘는다. 전체 인구의 약 절반이 수도권에 사는 것이다. 명절이면 귀향객 **귀京** 인파로 고속도로가 주차장으로 변하는 이유도 그래서다.

QUIZ: 경인선 / 동경 / 북경 / 결국 / (결주) / 귀경

第
제
47p

한자 완성하기 3

안	전	第	일

第	이

第	삼

第	사

한자 연결하기 4

국어 속 한자 찾기 5

두 사람이 중간에 **第삼**의 물건이나 사람을 통하지 않고 맺는 관계를 직접 관계라고 한다. **第삼자**나 **第삼국**은 직접 관계한 사람이나 나라 이외의 다른 사람, 다른 나라라는 뜻이다. 그러나 남북문제에서 남한과 북한은 직접 **第일선**에 나서지 못한다. 남북문제는 남과 북만의 문제라기보다 미국, 러시아, 중국, 일본과 같은 주변국과의 관계가 얽힌 외교 문제로 인식되기 때문이다.

QUIZ: (제자) / 제사 / 제상 / 급제 / 안전제일 / 낙제

1~20일
한자 확인하기
48~49p

1

交	通	路	線	現	在	信	號
사귈 교	통할 통	길 로	줄 선	나타날 현	있을 재	믿을 신	이름 호

番	發	表	言	急	行	速	運
차례 번	필 발	겉 표	말씀 언	급할 급	대행/행할 행	빠를 속	옮길 운

銀	郡	京	第
은 은	고을 군	서울 경	차례 제

2

交	通	路	線	現	在	信	號
사귈 교	통할 통	길 로	줄 선	나타날 현	있을 재	믿을 신	이름 호

番	發	表	言	急	行	速	運
차례 번	필 발	겉 표	말씀 언	급할 급	대행/행할 행	빠를 속	옮길 운

銀	郡	京	第
은 은	고을 군	서울 경	차례 제

3

交	通	路	線	現	在	信	號
사귈 교	통할 통	길 로	줄 선	나타날 현	있을 재	믿을 신	이름 호

番	發	表	言	急	行	速	運
차례 번	필 발	겉 표	말씀 언	급할 급	대행/행할 행	빠를 속	옮길 운

銀	郡	京	第
은 은	고을 군	서울 경	차례 제

4 ❶交通 ❷運行 ❸現在 ❹發表 ❺路線

5 ③ 速 - 京 - 第

例
례
51p

한자 완성하기 3

차	例

비	例

例	문

판	例

한자 연결하기 4

국어 속 한자 찾기 5

수학 시간에 선생님께서 **比例**의 개념을 설명해 주셨다. "어떤 값이 2배, 3배로 늘어날 때 다른 값도 2배, 3배로 늘어나면 두 값은 **比例**한다고 말합니다. **比例**는 일상생활에서도 많이 쓰이고 있지요. 한 가지 **例**로, 지우개 한 개가 300원이라면 7개는 얼마일까요? 2,100원이지요? 그럼 맨 뒷줄 5명은 **차例**대로 나와서 교과서 **例제** 하나씩 칠판에 풀어 볼까요?"

QUIZ: 판례 / 예제 / 예문 / 사례 / (예랑) / 관례

禮
례
53p

한자 완성하기 3

禮	절

장	禮

경	禮

차	禮

한자 연결하기 4

국어 속 한자 찾기 5

웅장한 음악이 흐르고 제복을 입은 군인들이 줄을 서서 **敬禮**를 붙이자 검은색 리무진이 미끄러지듯 나아갔다. 각 방송사는 이라크에서 폭탄 테러로 숨진 고 김OO 하사의 **葬禮**식을 중계했다. **葬禮**를 주관한 군 관계자들은 최대한 **禮의**를 갖추어 **의례**를 진행했다. 이번 **葬禮**식에는 대통령 내외가 참석하여 유가족의 침통한 마음을 위로했다.

QUIZ: (예약) / 경례 / 결례 / 무례 / 주례 / 예절

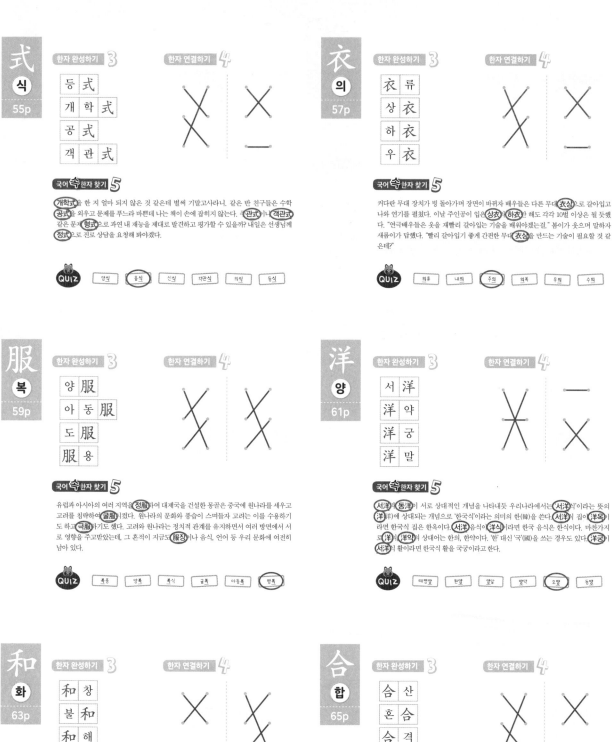

式 식 55p

한자 완성하기 3

등 式
개 학 式
공 式
객 관 式

한자 연결하기 4

국어⇨한자 찾기 5

개학式을 한 지 얼마 되지 않은 것 같은데 벌써 기말고사라니. 같은 반 친구들은 수학 공式을 외우고 문제를 푸느라 바쁜데 나는 책이 손에 잡히지 않는다. 주관式이나 객관式 같은 문제 形式으로 과연 내 재능을 제대로 발견하고 평가할 수 있을까? 내일은 선생님께 正式으로 진로 상담을 요청해 봐야겠다.

QUIZ 양식 / 음식 / 신식 / 객관식 / 의식 / 등식

衣 의 57p

한자 완성하기 3

衣 류
상 衣
하 衣
우 衣

한자 연결하기 4

국어⇨한자 찾기 5

커다란 무대 장치가 빙 돌아가며 장면이 바뀌자 배우들은 다른 무대 衣裳으로 갈아입고 나와 연기를 펼쳤다. 이날 주인공이 입은 상衣나 하衣만 해도 각각 10벌 이상은 될 듯했다. "연극배우들은 옷을 재빨리 갈아입는 기술을 배워야겠는걸." 봄이가 웃으며 말하자 새미의가 답했다. "빨리 갈아입기 좋게 간편한 무대 衣裳을 만드는 기술이 필요할 것 같은데?"

QUIZ 의류 / 내의 / 주의 / 의복 / 우의 / 수의

服 복 59p

한자 완성하기 3

양 服
아 동 服
도 服
服 용

한자 연결하기 4

국어⇨한자 찾기 5

유럽과 아시아의 여러 지역을 정服하여 대제국을 건설한 몽골은 중국에 원나라를 세우고 고려를 침략하여 굴服시켰다. 원나라의 문화와 풍습이 스며들자 고려는 이를 수용하기도 하고 극服하기도 했다. 고려와 원나라는 정치적 관계를 유지하면서 여러 방면에서 서로 영향을 주고받았는데, 그 흔적이 지금도 服裝이나 음식, 언어 등 우리 문화에 여전히 남아 있다.

QUIZ 복종 / 양복 / 복식 / 굴복 / 아동복 / 행복

洋 양 61p

한자 완성하기 3

서 洋
洋 약
洋 궁
洋 말

한자 연결하기 4

국어⇨한자 찾기 5

서洋과 동洋이 서로 상대적인 개념을 나타내듯 우리나라에서는 '서洋식'이라는 뜻의 洋(양)에 상대되는 개념으로 '한국식'이라는 의미의 한(韓)을 쓴다. 서洋식 집이 洋옥이라면 한국식 집은 한옥이다. 서洋 음식이 洋식이라면 한국 음식은 한식이다. 마찬가지로 서洋 洋약이 상대어는 한의, 한약이다. '한' 대신 '국'(國)을 쓰는 경우도 있다. 洋궁이 서洋의 활이라면 한국식 활을 국궁이라고 한다.

QUIZ 태평양 / 원양 / 양말 / 양약 / 오양 / 동양

和 화 63p

한자 완성하기 3

和 창
불 和
和 해
평 和

한자 연결하기 4

국어⇨한자 찾기 5

전쟁을 치른 두 나라가 적대를 불和를 청산하고 평和 협정을 맺는 경우가 있다. 1973년에는 월남과 월맹, 1994년에는 이스라엘과 요르단이 그랬다. 하지만 남한과 북한은 한국전쟁 이후 1953년에 일시적으로 전쟁을 중단한다는 정전협정을 맺었을 뿐, 전쟁을 종식한 건 아니다. 이제 남북은 경제 교류 등 다양한 협력 사업을 통해 군사적 긴장을 완和하고 和해와 협력의 길로 나아가는 방안을 모색해야 한다.

QUIZ 융화 / 화목 / 화음 / 불화 / 화색 / 화장

合 합 65p

한자 완성하기 3

合 산
혼 合
合 격
合 창

한자 연결하기 4

국어⇨한자 찾기 5

토요일 오전, 우리 반은 교실에 集合해 온종일 토의를 했다. 이번 학예회 때 다른 반은 주로 合창이나 合주를 하는데 우리 반은 아직 아무것도 결정하지 못했기 때문이다. 예선에 合격한 세 반만 본선에 진출한다고 하니 모두들 특별한 공연을 준비하는 데는 이견이 없었지만 좀처럼 의견이 모아지지 않았다. 반장은 토의 때 제안된 의견을 綜合해 내일 투표에 부치자고 말했다.

QUIZ 혼합 / 합산 / 활동 / 종합 / 합주 / 활성

放 방 67p

한자 완성하기 3

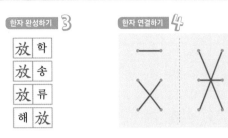

放학
放송
放류
해放

한자 연결하기 4

국어 속 한자 찾기 5

선생님께서 放학 숙제로 '가장 존경하는 지도자 조사하기'라는 과제를 내주셨다. 하루는 위인전을 읽으며 누구를 조사하면 좋을지 고민하던 중 우연히 '넬슨 만델라'에 관한 放송을 보게 됐다. 아프리카 흑인 解放운동을 이끌다 종신형을 선고받아 복역한 후, 27년 만에 釋放되어 남아프리카공화국 최초의 흑인 대통령이 된 만델라의 삶은 매우 감동적이었다. 이번 放학 숙제는 '넬슨 만델라'에 대해 조사하기로 결정했다.

QUIZ 발탈 발방 해발 발치 발싱 개발

席 석 69p

한자 완성하기 3

착席
결席
타席
객席

한자 연결하기 4

국어 속 한자 찾기 5

어제는 엄마와 함께 무용 공연을 보러 갔다. 客席이 거의 들어차 빈자리가 보이지 않을 정도였지만 坐席 번호를 미리 확인해 간 덕에 거우 着席할 수 있었다. 공연이 시작하자 나는 곧바로 首席 무용수의 화려한 몸동작에 온통 넋이 나갔다. 공연 후 주최 측이 마련한 관람객과의 대화시간에는 내가 即席에서 무대로 초대되었다. 평소 무용수가 되고 싶었던 내게는 꿈만 같은 자리였다.

QUIZ 타석 강석 해석 합석 석차 수석

苦 고 71p

한자 완성하기 3

苦민
苦생
苦통
산苦

한자 연결하기 4

국어 속 한자 찾기 5

미국인들이 가장 존경하는 대통령으로 꼽는 링컨은 낙선을 많이 한 것으로 유명하다. 그는 23세 때 출마한 주의회 선거를 포함해 모두 9차례나 낙선의 苦杯를 마신 것으로 알려져 있다. 갖은 苦生을 하며 독학으로 변호사 시험에 합격하는 쾌거를 이루기도 했으나 잇단 낙선은 굳은 의지로는 해결할 수 없었던 큰 苦悶거리였다. 노예제도를 폐지해 미국사를 다시 쓴 위대한 대통령인 링컨에게도 苦難의 시기가 있었던 것이다.

QUIZ 노고 고싱 고통 산고 고짐 고배

待 대 73p

한자 완성하기 3

기待
초待
待기
待피

한자 연결하기 4

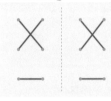

국어 속 한자 찾기 5

새롬이와 다툰 건 며칠 전 招待받은 생일 파티 전날이었다. 파티에 가지 말까? 하지만 제일 친한 친구인데, 봄이는 용기를 내기로 했다. 좋은 待接을 期待하는 건 아니다. 새롬이가 날 冷待하지만 않으면 좋겠다는 생각뿐이다. 새롬이네 집 앞에서 떨리는 손으로 초인종을 눌렀다. 내 목소리를 들은 새롬이가 맨발로 뛰어나왔다. "봄아! 너 안 올까 봐 걱정했잖아. 와 줘서 고마워."

QUIZ 존대 우대 대기 대지 냉대 창대

會 회 75p

한자 완성하기 3

會의
대會
會비
국會

한자 연결하기 4

국어 속 한자 찾기 5

우리 동아리는 會員이 여덟 명이다. 2주에 한 번씩 정기적으로 會議를 한다. 이번에는 규섭이가 새 會長이 되었다. 우리 동아리는 국악 모임 '늘비'다. 규섭이는 이번 機會에 전국국악경연大會 출전을 연 2회에서 4회로 늘리자고 제안했다. 그러자 연습량을 늘리려면 더 자주 모여야 하므로 會費도 올리자는 의견이 나왔다.

QUIZ 조회 사회 개회 회전 회원 국회

社 사 77p

한자 완성하기 3

본社
社장
퇴社
항공社

한자 연결하기 4

국어 속 한자 찾기 5

봄이네 부모님은 같은 出版社에서 근무하셨다. 두 분이 會社에서 社內 연애를 하신 것이다. 엄마가 처음 入社하실 때부터 아빠는 엄마를 마음에 두셨다고 한다. 동료 社員은 두 분이 결혼을 발표하기 전까지 이 사실을 까맣게 몰라 청첩장을 받고는 크게 놀라워했다고 아빠가 웃으며 말씀하셨다. 결혼식 주례도 社長님이 맡아 주셨다고 한다. 부모님께서는 지금도 종종 그때를 떠올리며 웃음을 짓곤 하신다.

QUIZ 사고 퇴사 사실 항공사 역사 입사

집
79p

한자 완성하기 3

集단
集중
채集
밀集

한자 연결하기 4

국어⇨한자 찾기 5

감염병이 전국적으로 확산될 때 가장 중요한 행동 방침은 모임을 피하는 것이다. 사람들이 集合하는 곳에서 集團 발병이 자주 발생하는 것만 봐도 많은 사람이 密集한 공간에서는 바이러스가 빠르게 전파된다는 걸 알 수 있다. 감염병 확산을 방지하려면 강도 높고 集中적인 사회적 거리 두기로 단기간에 발병률을 낮추는 것이 최선이다.

QUIZ 일집 채집 모집 수집 집약 (모집)

계
81p

한자 완성하기 3

計산
計량
체중計
시計

한자 연결하기 4

국어⇨한자 찾기 5

발표를 할 때는 조사 결과를 한눈에 알아볼 수 있도록 統計나 도표를 사용하는 것이 좋다. 가령 우리 반 친구들의 체중 변화에 대한 발표 준비는 다음과 같은 단계로 나눌 수 있다. 우선 조사에 참여할 친구들을 모아 조사 計劃을 세운다. 둘째, 體重計로 친구들의 몸무게를 잰다. 셋째, 매주 計量한 자료를 모아 集計한 후 평균을 낸다. 마지막으로 統計 표나 도표로 작성하여 몸무게 변화를 발표한다.

QUIZ 계략 회계 집계 (세계) 시계 계좌

화, 획
83p

한자 완성하기 3

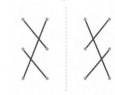

畫가
畫보
녹畫
만畫

한자 연결하기 4

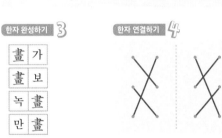

국어⇨한자 찾기 5

봄이는 친구들과 함께 예술가로 활동하시는 이모의 畫室에 다녀왔다. 이모는 원래 繪畫나 漫畫 작업을 주로 하셨지만, 요즘은 영상을 이용한 비디오 아트에 전념하신다고 한다. 그래서인지 작업실에는 캔버스보다 모니터가 더 많았다. 친구들과 찾아왔을 때도 모니터 畫面에서 다양한 영상이 흘러나오고 있었다. 이모를 畫家로 처음 알게 된 사람들이 많지만 지금은 비디오 아티스트로 더 잘 알려져 있다.

QUIZ 녹화 화연 (확장) 만화 확수 화보

손
85p

한자 완성하기 3

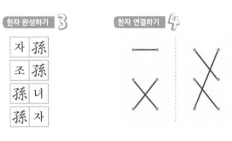

자孫
조孫
孫녀
孫자

한자 연결하기 4

국어⇨한자 찾기 5

작년에 알 수 없는 이유로 세자가 죽었으니 세子가 위중하니 임금은 걱정이 태산 같다. 대신들은 親孫이고 外孫이고 가릴 것 없이 임금의 다른 孫子 중 총명한 아이를 택해 王孫을 이을 준비를 해야 한다고 주장하지만, 임금은 그들의 속내를 잘 안다. 그렇게 선택한 王孫은 대신들의 꼭두각시가 될 것이고, 결국 왕권은 약해질 것이다. 임금은 어떤 결정을 하게 될까.

QUIZ 후손 (감손) 손녀 외손 조손 자손

용
87p

한자 완성하기 3

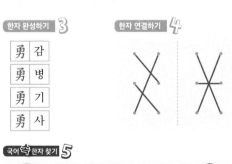

勇감
勇병
勇기
勇사

한자 연결하기 4

국어⇨한자 찾기 5

모두 勇敢하게 싸울 때 혼자 도망가는 병사는 비겁한 사람이지만, 자신을 勇猛스러운 중세 기사로 착각하고 풍차로 달려들곤 無勇談을 늘어놓는 돈키호테는 만勇을 부리는 사람이라 할 수 있다. 아리스토텔레스가 주장하는 '중용'은 만勇과 비겁의 중간이다. 그는 모자라지도 않고 지나치지도 않은, 상황에 알맞은 적절한 勇氣를 '중용'이라고 불렀다.

QUIZ 용병 용퇴 용사 용맹 용단 (용서)

훈
89p

한자 완성하기 3

訓련
교訓
訓장
訓민정음

한자 연결하기 4

국어⇨한자 찾기 5

오늘 조회 시간에 교장 선생님께서 학교와 학원의 차이를 말씀해주셨다. 학원은 주로 지식이나 기술을 訓鍊시키지만 학교는 성품과 덕성까지 訓育한다는 차이점이 있다고 하시며 학교의 운영 방식은 학원과 달라야 한다고 강조하셨다. 교장 선생님의 訓話 말씀은 보통 비슷비슷한 내용의 訓戒일 때가 대부분이라 귀에 잘 들어오지 않을 때도 있지만 오늘은 많은 친구들이 교장 선생님의 말씀에 귀를 기울였다.

QUIZ 훈육 (훈훈) 교훈 훈방 훈장 가훈

1

例	禮	式	衣	服	洋	和	合
법식 례	예도 례	법 식	옷 의	옷 복	큰바다양	화할 화	합할 합

放	席	苦	待	會	社	集	計
놓을 방	자리 석	쓸 고	기다릴 대	모일 회	모일 사	모을 집	셀 계

畫	孫	勇	訓
그림 화·그을 획	손자 손	날랠 용	가르칠 훈

2

例	禮	式	衣	服	洋	和	合
법식 례	예도 례	법 식	옷 의	옷 복	큰바다양	화할 화	합할 합

放	席	苦	待	會	社	集	計
놓을 방	자리 석	쓸 고	기다릴 대	모일 회	모일 사	모을 집	셀 계

3

畫	孫	勇	訓
그림 화·그을 획	손자 손	날랠 용	가르칠 훈

例	禮	式	衣	服	洋	和	合
법식 례	예도 례	법 식	옷 의	옷 복	큰바다양	화할 화	합할 합

放	席	苦	待	會	社	集	計
놓을 방	자리 석	쓸 고	기다릴 대	모일 회	모일 사	모을 집	셀 계

畫	孫	勇	訓
그림 화·그을 획	손자 손	날랠 용	가르칠 훈

4
- ❶ 衣服
- ❸ 禮服
- ❷ 禮式
- ❹ 洋服

5
② 衣 - 會 - 席

成 성 93p

한자 완성하기 **3**

구成 / 合成 / 成적 / 찬成

한자 연결하기 **4**

국어⇔한자 찾기 **5**

독립 운동의 成패는 사람들을 모아 작은 조직을 結成하고, 각 조직들이 힘을 모아 국가와 같은 더 큰 형태를 構成하여 일본제국주의에 대항하는 힘을 길러가는 것에 달려 있다. 독립을 단기간에 成취해낼 수 없다면 후대를 養成하여 독립을 達成하는 그날까지 세대를 이어 지속적이고 장기적인 투쟁을 멈추지 말아야 할 것이다.

QUIZ 합성 성숙 찬성 성태 성적 (성실)

功 공 95p

한자 완성하기 **3**

성功 / 功신 / 功리 / 유功자

한자 연결하기 **4**

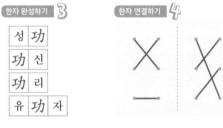

국어⇔한자 찾기 **5**

고려 말, 친원정책을 주장해 그 功훈을 인정받아 권세를 누린 권문세족에 대항하는 새로운 세력이 부상했다. 바로 신진 사대부와 신흥 무인이 그들이다. 무인 출신 이성계는 위화도 회군 이후 권력을 잡아 조선을 건국하는 成功을 거두었다. 조선 건국의 功로가 남다른 이들을 개국功신에 봉했다. 그중 가장 큰 功적을 쌓은 인물은 바로 사대부 출신인 정도전, 조준 등이었다.

QUIZ 유골자 (공적) 공과 공훈 공덕 공명심

果 과 97p

한자 완성하기 **3**

사果 / 果수원 / 果즙 / 견果

한자 연결하기 **4**

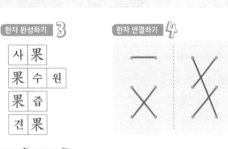

국어⇔한자 찾기 **5**

봄이는 과일을 果도로 쑥쑥 잘라 껍질째 먹는 걸 좋아한다. 특히 한 입 베어 물었을 때 노란 果즙이 베어 나오는 신선한 沙果를 좋아한다. 엄마는 빨간 沙果보다 초록색 沙果가 폴리페놀이 많아 장과 혈관 건강에 좋고, 아침에 먹는 沙果는 피를 맑게 해주며 변비를 예방하는 效果가 있다고 말씀하셨다. 沙果는 맛도 좋고 몸에도 좋은 果실인 것 같다.

QUIZ 성과 과수원 (과자) 과즙 결과 견과

樹 수 99p

한자 완성하기 **3**

樹림 / 樹목원 / 樹액 / 야자樹

한자 연결하기 **4**

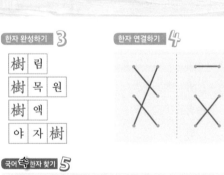

국어⇔한자 찾기 **5**

봄이는 등굣길에 보이는 가로樹(樹종이 주로 은행나무나 포플러라는 사실을 알게 됐다. 배나무나 사과나무 같은 果실樹는 왜 심지 않는 것인지 궁금증이 생겼다. 그러던 중 마침 선생님께서 조선시대에는 배나무와 밤나무를 길가에 심었고, 지금도 남쪽 지방에는 야자樹를 가로樹로 심은 곳도 있다는 새로운 사실을 알려주셨다. 봄이는 선생님의 설명을 듣고 사과를 따먹으며 하교하는 모습을 상상해 보았다.

QUIZ 수액 과실수 (수박) 수립 상록수 수목원

園 (원) 101p

한자 완성하기 3
화園 / 식물園 / 공園 / 園두막

한자 연결하기 4

국어 ⇨ 한자 찾기 5
공園 서쪽 끝에는 경기도에서 명소로 꼽히는 식물園이 보였다. 엄마는 입장권을 구입한 뒤 봄이와 함께 드넓은 식물園으로 들어갔다. 어린아이들이 견학이라도 왔는지 길게 줄을 서서 화園을 구경하고 있었다. 엄마와 봄이도 좀처럼 보기 힘든 열대 식물과 각종 희귀 식물들을 보며 감탄사를 내뱉었다. 꽃무리가 펼쳐진 아트막한 언덕을 보고 있으니 이곳이 세상에서 제일 아름다운 지상 낙園같았다.

QUIZ: 능원 / 전원 / (병원) / 원두막 / 정원 / 화원

庭 (정) 103p

한자 완성하기 3
가庭 / 庭원사 / 궁庭 / 교庭

한자 연결하기 4

국어 ⇨ 한자 찾기 5
엄마는 가끔 옛날이야기를 들려주신다. 학창 시절 교庭에서 친구들과 수다를 떨던 이야기, 아빠가 정성스럽게 가꾸던 庭원에 심겨진 庭원수를 망가트린 이야기, 가庭통신문을 몰래 숨긴 이야기. 옛날이야기를 하실 때 엄마는 해맑은 소녀로 변한다. "엄마, 지금이 좋아, 그때가 좋아?" 하고 물으면 엄마는 항상 같은 대답을 하신다. "든든한 아빠랑 사랑스러운 봄이가 곁에 있는 지금이 훨씬 더 좋지."

QUIZ: 교정 / 정원사 / 가절용 / 궁정 / 친정 / (우정)

讀 (독, 두) 105p

한자 완성하기 3
讀서 / 讀후감 / 다讀 / 구讀점

한자 연결하기 4

국어 ⇨ 한자 찾기 5
讀서는 학습에 필요한 讀해 능력을 향상시키는 데도 유익하지만 무엇보다 우리의 생각과 감정을 풍요롭게 해준다. 대다수 전문가들은 다양한 讀서법을 활용하는 다讀을 권한다. 책 읽기의 기본은 자세히 새겨 읽는 정讀이지만 때로는 빠르게 훑는 속讀이 필요한 경우도 있다. 문학 작품을 읽을 때는 눈은 물론 입과 귀까지 활용하는 낭讀이 유용하다.

QUIZ: 구독 / 구두점 / 낭독 / 독후감 / (중독) / 독자

書 (서) 107p

한자 완성하기 3
문書 / 교과書 / 엽書 / 낙書

한자 연결하기 4

국어 ⇨ 한자 찾기 5
미술책에 실려 있던 한글 書예 작품을 본 봄이는 교과書에서 눈을 떼지 못했다. 글씨가 예술 작품이 될 수 있다니. 얼마 전, 이모가 보내주신 엽書에 써넣은 캘리그래피도 書예를 바탕으로 한 실용 예술이라고 한 기억이 났다. 봄이는 문득 아빠 書재에 꽂혀 있던 書예교본이 생각났다. 봄이는 아빠한테 書예를 배워 캘리그래피로 멋진 작품을 만들어 보고 싶어졌다.

QUIZ: 저서 / 서재 / 서류 / (질서) / 각서 / 낙서

堂 (당) 109p

한자 완성하기 3
서堂 / 의사堂 / 강堂 / 납골堂

한자 연결하기 4

국어 ⇨ 한자 찾기 5
연말을 맞아 부모님과 함께 오케스트라 공연을 관람하러 갔다. 자동차를 타고 국회 의사堂을 지나 한참을 달린 끝에 예술의 전堂에 도착했다. 먼저 부모님과 가까운 식堂에서 저녁 식사를 한 후, 공연장으로 향했다. 음악堂은 고요하고 웅장했다. 연주자들이 무대에 등장하고 곧 공연이 시작됐다. 지휘자의 열정적인 몸짓과 堂堂한 자세를 바라보고 있으니 나도 모르게 흥이 솟았다.

QUIZ: 납골당 / (마당) / 당당 / 경로당 / 강당 / 영당

者 (자) 111p

한자 완성하기 3
기者 / 환者 / 저者 / 학者

한자 연결하기 4

국어 ⇨ 한자 찾기 5
TV에서 재난지원금 관련 토론회를 방영했다. 토론者로 국회의원, 경제 전문 기者, 경제학者가 출연했다. 지원금을 국민 모두에게 주자는 편과 선별해서 주자는 편이 팽팽하게 대립했다. 전者는 자금이 순환하면 국가 경제에 두루 도움이 된다고 주장했고, 후者는 꼭 필요한 사람들만 선별해 지급해야 한다고 주장했다. 토론을 지켜보는 방청객들은 양者의 주장을 주의 깊게 경청하는 모습이었다.

QUIZ: 소비자 / 한자 / 토론자 / 저자 / 학자 / (남자)

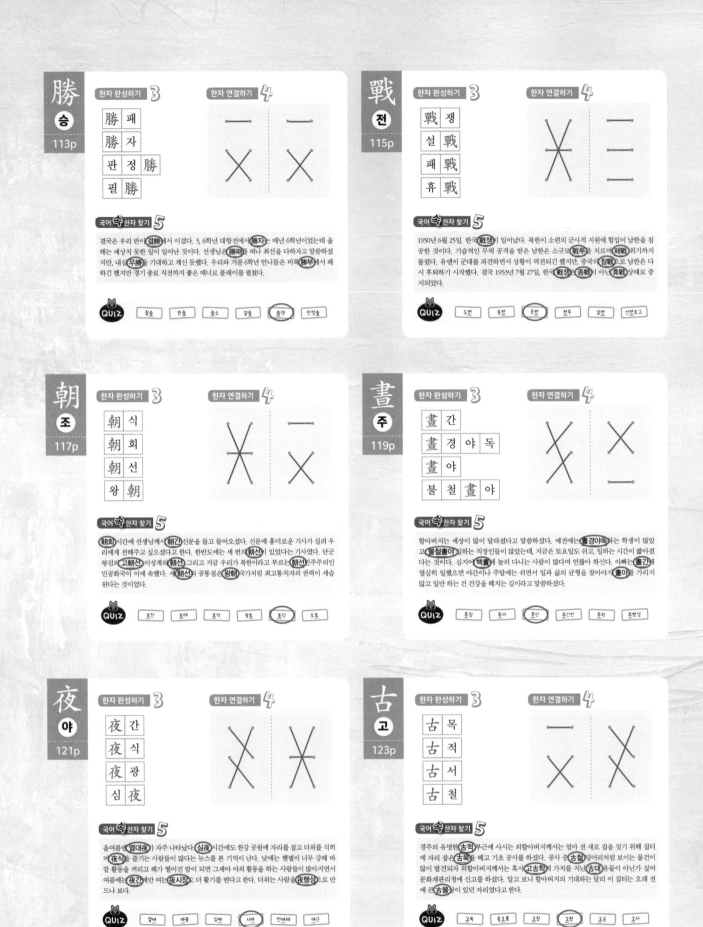

勝 (승) 113p

한자 완성하기 3

勝 패
勝 자
판 정 勝
필 勝

한자 연결하기 4

국어 속 한자 찾기 5

결국은 우리 반이 결勝에서 이겼다. 5, 6학년 대항전에서 勝자는 매년 6학년이었는데 올해는 예상치 못한 일이 일어난 것이다. 선생님은 勝패를 떠나 최선을 다하자고 말씀하셨지만, 내심 우勝을 기대하고 계신 듯했다. 우리와 겨룬 6학년 언니들은 비록 勝부에서 패하긴 했지만 경기 종료 직전까지 좋은 매너로 플레이를 펼쳤다.

QUIZ 필승 / 완승 / 승소 / 겸승 / 승객 / 판정승

戰 (전) 115p

한자 완성하기 3

戰 쟁
설 戰
패 戰
휴 戰

한자 연결하기 4

국어 속 한자 찾기 5

1950년 6월 25일, 한국 戰쟁이 일어났다. 북한이 소련의 군사적 지원에 힘입어 남한을 침공한 것이다. 기습적인 무력 공격을 받은 남한은 소규모 戰투를 치르며 패戰 위기까지 몰렸다. 유엔이 군대를 파견하면서 상황이 역전되긴 했지만, 중국의 참戰으로 남한은 다시 후퇴하기 시작했다. 결국 1953년 7월 27일, 한국 戰쟁은 종戰이 아닌 휴戰 상태로 중지되었다.

QUIZ 도전 / 종전 / 운전 / 전투 / 실전 / 선전포고

朝 (조) 117p

한자 완성하기 3

朝 식
朝 회
朝 선
왕 朝

한자 연결하기 4

국어 속 한자 찾기 5

朝회 시간에 선생님께서 朝간 신문을 들고 들어오셨다. 신문에 흥미로운 기사가 실려 우리에게 전해주고 싶으셨다고 한다. 한반도에는 세 번의 朝선이 있었다는 기사였다. 단군 왕검의 고朝선, 이성계의 朝선 그리고 지금 우리가 북한이라고 부르는 朝선민주주의인민공화국이 이에 속했다. 세 朝선의 공통점은 왕朝 국가처럼 최고통치자의 권력이 세습된다는 것이었다.

QUIZ 조찬 / 조례 / 조석 / 왕조 / 조각 / 조조

畫 (주) 119p

한자 완성하기 3

畫 간
畫 경 야 독
畫 야
불 철 畫 야

한자 연결하기 4

국어 속 한자 찾기 5

할아버지는 세상이 많이 달라졌다고 말씀하셨다. 예전에는 畫경야독 하는 학생이 많았고 불철畫야 일하는 직장인들이 많았는데, 지금은 토요일도 쉬고 일하는 시간이 짧아졌다는 것이다. 심지어 백畫에 놀러 다니는 사람이 많다며 언짢아 하신다. 아빠는 畫간에 열심히 일했으면 야간이나 주말에는 쉬면서 일과 삶의 균형을 찾아야지 畫야를 가리지 않고 일만 하는 건 건강을 해치는 길이라고 말씀하셨다.

QUIZ 주칠 / 주야 / 주민 / 주간반 / 주학 / 주행성

夜 (야) 121p

한자 완성하기 3

夜 간
夜 식
夜 광
심 夜

한자 연결하기 4

국어 속 한자 찾기 5

올여름엔 열대夜가 자주 나타났다. 심夜 시간에도 한강 공원에 자리를 잡고 더위를 식히며 夜식을 즐기는 사람들이 많다는 뉴스를 본 기억이 난다. 낮에는 햇볕이 너무 강해 바깥 활동을 꺼리고 해가 떨어진 밤이 되면 그제야 야외 활동을 하는 사람들이 많아지면서 여름철에만 여는 夜시장도 더 활기를 띤다고 한다. 더위는 사람을 夜행성으로 만드나 보다.

QUIZ 철야 / 야광 / 심야 / 시야 / 전야제 / 야근

古 (고) 123p

한자 완성하기 3

古 목
古 적
古 서
古 철

한자 연결하기 4

국어 속 한자 찾기 5

경주의 유명한 古적 부근에 사시는 외할아버지께서는 얼마 전 새로 집을 짓기 위해 집터에 자리 잡은 古목을 베고 기초 공사를 하셨다. 공사 중 古철 덩어리처럼 보이는 물건이 많이 발견되자 외할아버지께서는 혹시 고古학적 가치를 지닌 古대 유물이 아닌가 싶어 문화재관리청에 신고를 하셨다. 알고 보니 할아버지의 기대와는 달리 이 집터는 오래 전에 큰 古찰이 있던 자리였다고 한다.

QUIZ 고목 / 중고품 / 고장 / 고찰 / 고궁 / 고서

今 (금) 125p

한자 완성하기 3

今	일
今	주
今	년
지	今

한자 연결하기 4

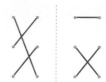

국어 속 한자 찾기 5

(방송)들어온 소식을 전해드리겠습니다. (속세기)최고의 만화가로 평가받던 홍길동 화백이 향년 92세로 별세했습니다. (금년)초까지만 해도 활발한 작품 활동을 이어온 홍 화백의 갑작스러운 별세 소식에 많은 명사들이 깊은 애도를 표하고 있습니다. 빈소는 (속일)00 장례식장에 마련될 예정이라고 전해졌습니다. (지금)까지 KBC 전우치 기자였습니다.

 QUIZ 글방 / (글고) / 지금 / 글주 / 글생 / 글번

昨 (작) 127p

한자 완성하기 3

昨	년
昨	월
昨	금
昨	석

한자 연결하기 4

국어 속 한자 찾기 5

내년은 명년, 그다음 해는 재명년이라고 한다. (昨년) (재昨년)의 재(昨년)은 각각 1년 전인 지난해, 2년 전인 지지난해, 그리고 3년 전을 가리킨다. 한편, 내일은 명일, 그다음 날은 재명일이라고 한다. (昨일) 재(昨일) 재재(昨일)은 각각 어제, 그저께, 그끄저께를 가리킨다. 재(昨년)과 재재(昨일)은 (심昨년) (심昨일)이라고도 한다.

 QUIZ 작아 / 작금 / (작별) / 작석 / 삼작년 / 작월

朴 (박) 129p

한자 완성하기 3

순	朴		
朴	혁	거	세
밀	양	朴	
朴	씨	전	

한자 연결하기 4

국어 속 한자 찾기 5

오늘은 병자호란을 배경으로 한 여성 영웅 소설인 (朴씨전)을 읽었다. 남편 이시백은 (朴씨)부인이 외모가 못생겼다는 이유로 멀리했다. 하지만 (朴씨)는 (질朴)하고 (소朴)한 성품을 지녔을 뿐만 아니라 뛰어난 재주와 지혜를 겸비해 청나라 군대를 물리쳐 나라를 구한 영웅이었다. 예나 지금이나 내면의 (순朴성)을 알아보지 못하고 외모만 중시하는 세태는 변하지 않은 듯하다.

 QUIZ 그박 / 순박 / 박씨전 / 질박 / 밀양 박 / (압박)

李 (리) 131p

한자 완성하기 3

李	순	신
李	도	
李	황	
李	이	

한자 연결하기 4

국어 속 한자 찾기 5

조선은 (李성계)가 세운 (李씨)왕조의 나라다. 조선을 (李조)라고 부르는 이유도 임금의 성씨를 나라 이름 앞에 붙여 부르는 동아시아의 전통을 따른 것이다. 세종대왕인 (李도) (李씨)고, 조선의 대표적 성리학자인 (李황)은 (李이) 그리고 임진왜란의 영웅 (李순신)도 (李씨)다. (李씨)는 우리나라에서 두 번째로 흔한 성씨이기도 하다.

 QUIZ 정상이사 / 도리 / 이황 / 이화 / 이용룡 / (이름)

41~60일 한자확인하기 132~133p

1

成	功	果	樹	園	庭	讀	書
이룰 성	공 공	실과/열매 과	나무 수	동산 원	뜰 정	읽을톡구결두	글 서

堂	者	勝	戰	朝	晝	夜	古
집 당	놈 자	이길 승	싸움 전	아침 조	낮 주	밤 야	옛 고

今	昨	朴	李
이제 금	어제 작	성씨 박	오얏/성씨 리

2

成	功	果	樹	園	庭	讀	書
이룰 성	공 공	실과/열매 과	나무 수	동산 원	뜰 정	읽을톡구결두	글 서

堂	者	勝	戰	朝	晝	夜	古
집 당	놈 자	이길 승	싸움 전	아침 조	낮 주	밤 야	옛 고

今	昨	朴	李
이제 금	어제 작	성씨 박	오얏/성씨 리

3

成	功	果	樹	園	庭	讀	書
이룰 성	공 공	실과/열매 과	나무 수	동산 원	뜰 정	읽을톡구결두	글 서

堂	者	勝	戰	朝	晝	夜	古
집 당	놈 자	이길 승	싸움 전	아침 조	낮 주	밤 야	옛 고

今	昨	朴	李
이제 금	어제 작	성씨 박	오얏/성씨 리

4
① 讀書　② 古今
③ 成功　④ 勝者

5
④
晝 - 夜 - 戰

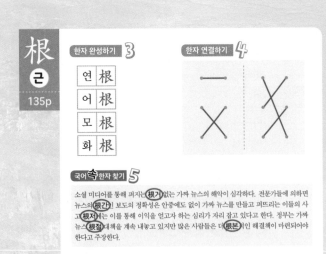

根
근
135p

한자 완성하기 3
연 根
어 根
모 根
화 根

한자 연결하기 4

국어 속 한자 찾기 5
소셜 미디어를 통해 퍼지는 根거 없는 가짜 뉴스의 해악이 심각하다. 전문가들에 의하면 뉴스의 根간이 보도의 정확성은 안중에도 없이 가짜 뉴스를 만들고 퍼뜨리는 이들의 사고 根저에는 이를 통해 이익을 얻고자 하는 심리가 자리 잡고 있다고 한다. 정부는 가짜 뉴스 根절 대책을 계속 내놓고 있지만 많은 사람들은 대 根본적인 해결책이 마련되어야 한다고 주장한다.

QUIZ | 연근 | 어근 | 확근 | 개근 | 근절 | 근원

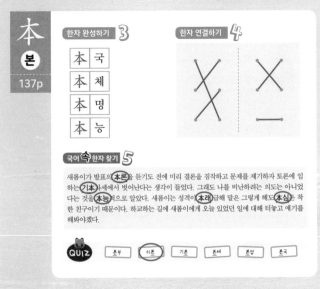

本
본
137p

한자 완성하기 3
本 국
本 체
本 명
本 능

한자 연결하기 4

국어 속 한자 찾기 5
새롬이가 발표의 本론을 듣기도 전에 미리 결론을 짐작하고 문제를 제기하자 토론에 임하는 기本자세에서 벗어난다는 생각이 들었다. 그래도 나를 비난하려는 의도는 아니었다는 것을 本능적으로 알았다. 새롬이는 성적이 本래 급해 말은 그렇게 해도 本심은 착한 친구이기 때문이다. 하교하는 길에 새롬이에게 오늘 있었던 일에 대해 터놓고 애기를 해봐야겠다.

QUIZ | 본부 | 이론 | 기본 | 본체 | 본업 | 본국

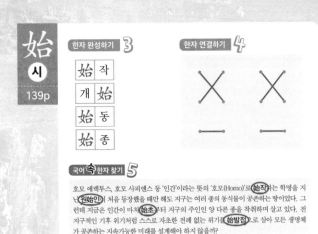

始
시
139p

한자 완성하기 3
始 작
개 始
始 동
始 종

한자 연결하기 4

국어 속 한자 찾기 5
호모 에렉투스, 호모 사피엔스 등 '인간'이라는 뜻의 '호모(Homo)'로 始작하는 학명을 지닌 원始인이 처음 등장했을 때만 해도 지구는 여러 종의 동식물이 공존하는 땅이었다. 그런데 지금은 인간이 마치 始초부터 지구의 주인인 양 다른 종을 착취하며 살고 있다. 전 지구적인 기후 위기처럼 스스로 자초한 전례 없는 위기를 始발점으로 삼아 모든 생명체가 공존하는 지속가능한 미래를 설계해야 하지 않을까?

QUIZ | 시종 | 개시 | 표시 | 원시 | 장시 | 시동

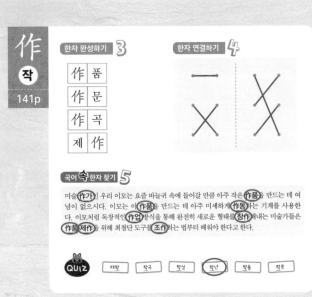

作
작
141p

한자 완성하기 3
作 품
作 문
作 곡
제 作

한자 연결하기 4

국어 속 한자 찾기 5
미술 作가! 우리 이모는 요즘 바늘귀 속에 들어갈 만큼 아주 작은 作품을 만드는 데 여념이 없으시다. 이모는 이 作품을 만드는 데 아주 미세하게 作동하는 기계를 사용한다. 이모처럼 독창적인 作업 방식을 통해 완전히 새로운 형태를 창作해내는 미술가들은 作품 제作을 위해 최첨단 도구를 조作하는 법부터 배워야 한다고 한다.

QUIZ | 제작 | 작곡 | 작성 | 작년 | 작용 | 작문

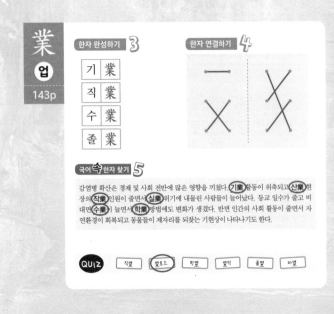

業
업
143p

한자 완성하기 3
기 業
직 業
수 業
졸 業

한자 연결하기 4

국어 속 한자 찾기 5
감염병 확산은 경제 및 사회 전반에 많은 영향을 끼쳤다. 企業 활동이 위축되고 산業 현장의 작業 인원이 줄면서 실業 위기에 내몰린 사람들이 늘어났다. 등교 일수가 줄고 비대면 수業이 늘면서 학業 방법에도 변화가 생겼다. 반면 인간의 사회 활동이 줄면서 자연환경이 회복되고 동물들이 제자리를 되찾는 기현상이 나타나기도 한다.

QUIZ | 직업 | 업로드 | 학업 | 열직 | 졸업 | 파업

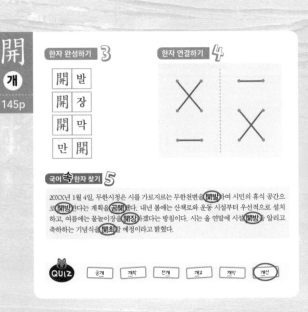

開
개
145p

한자 완성하기 3
開 발
開 장
開 막
만 開

한자 연결하기 4

국어 속 한자 찾기 5
20XX년 1월 4일, 무한시청은 시를 가로지르는 무한천변을 開발하여 시민의 휴식 공간으로 開방한다는 계획을 公開했다. 내년 봄에는 산책로와 운동 시설부터 우선적으로 설치하고, 여름에는 물놀이장을 開장하겠다는 방침이다. 시는 올 연말에 시설 開방을 알리고 축하하는 기념식을 開최할 예정이라고 밝혔다.

QUIZ | 공개 | 개학 | 전개 | 개교 | 개막 | 개선

失 실 147p

한자 완성하기 3

失 패
失 명
분 失
득 失

한자 연결하기 4

국어 속 한자 찾기 5

"저, 失례합니다." 봄이는 어제 역에서 分失한 휴대폰을 찾을 수 있을지도 모른다는 기대감으로 지하철 遺失物 센터를 방문했다. 하지만 안내자의 말을 들은 봄이는 곧 失망하고 말았다. 分失物 중에 휴대폰은 많았지만 봄이 것은 아무리 찾아도 보이지 않았기 때문이다. 아빠가 사주신 첫 휴대폰인 데다 失수로 물건을 잃어버리는 일이 좀처럼 없는 편이어서 그런지 喪失감을 느낀 봄이는 울상이 되었다.

QUIZ 실패 득실 (실황) 실명 실망 실종

反 반 149p

한자 완성하기 3

反 사
反 복
反 대
反 칙

한자 연결하기 4

국어 속 한자 찾기 5

교통 법규를 違反하면 그에 따른 처벌을 받는다. 그리고 같은 違反 사항을 反復하면 처벌은 더 무거워진다. 한 사회를 유지하고 지속하는 데 필요한 규칙을 違反하는 행위를 가리키는 反則은 사회 유지에 중대한 위험 요소다. 이를 反復하는 경우 더 무거운 처벌을 가하는 것은 '가중 처벌'이라는 규정이 反映된 또 하나의 규칙이라 할 수 있다.

QUIZ 반칙 (반장) 배반 반사 반응 반의어

省 성, 생 151p

한자 완성하기 3

반 省
귀 省
省 묘
省 략

한자 연결하기 4

국어 속 한자 찾기 5

우리나라에서는 일 년에 두 번, 민족 최대의 명절인 설날과 추석에 전국적인 대이동이 일어난다. 명절 연휴 동안 고속도로는 歸省 및 귀경 행렬로 몸살을 앓는다. 최근에는 省묘를 대행업체에 맡기는 경우가 늘었다고는 하지만, 여전히 명절 때만 되면 묘지 주변의 교통 체증은 심각하다. 세대를 이어 내려온 오랜 전통을 바꾸는 일은 쉽지 않다 보니 省묘나 친지 간 모임을 省략할 수도 없어 난감하다.

QUIZ (정성) 반성 내성적 성찰 생략 자성

對 대 153p

한자 완성하기 3

상 對
對 결
對 답
對 조

한자 연결하기 4

국어 속 한자 찾기 5

분단국가인 우리나라는 북한과의 군사적 對決 가능성을 항상 염두에 두고 미리 對備하기 위해 경계를 선다. 50 조원이 넘는 우리나라 국방 예산은 국민총생산에 대한 국방비 비율이 다른 나라보다 相對적으로 높게 책정되어 있다. 남북이 敵對 관계를 청산하고 통일을 이룩하거나 평화롭게 공존할 수 있다면 국방 예산의 일부를 더 시급한 문제에 사용할 수 있지 않을까.

QUIZ 적대 절대 대답 (대한) 대항 대책

等 등 155p

한자 완성하기 3

평 等
일 等
초 等
균 等

한자 연결하기 4

국어 속 한자 찾기 5

사람의 능력은 均等하지 않고, 지위나 권력도 同等하지 않다. 능력이나 권력은 그 사람을 평가하는 유일한 잣대가 돼서는 안 된다. 남보다 劣等한 학습 능력을 타고나도 一等을 놓치지 않는 학생은 흔히 대다수의 부러움을 산다. 하지만 優等생이라고 해서 반드시 행복한 것은 아니며, 올바른 인성을 함양했다고 단정하기도 어렵다.

QUIZ 동호 (손등) 등등 평등 초등 열등

級 급 157p

한자 완성하기 3

진 級
동 級 생
등 級
최 고 級

한자 연결하기 4

국어 속 한자 찾기 5

한자 級수 시험은 한자 실력에 따라 等級을 정한다. 같은 學級에서 공부하는 同級생이라 할지라도 한자 실력은 제각각이어서 下級에 속하는 8級도 있고, 級 자격을 딴 수준級의 학생도 있다. 하지만 진짜 실력은 국어 능력에 한자를 얼마나 잘 활용하는지에 달려 있다. 한자 級수는 높은데 국어 실력이 떨어진다면 진정한 한자 실력이라고 할 수 없다.

QUIZ (진급) 체급 진급 최고급 동급생 급훈

高 (고) 159p

한자 완성하기 3

高 열
高 기 압
高 층
高 령

한자 연결하기 4

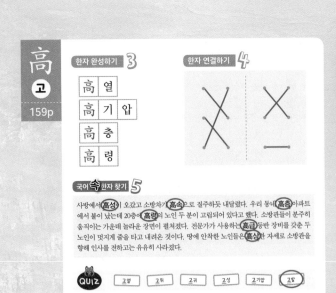

국어 속 한자 찾기 5

사방에서 高聲이 오갔고 소방차가 高速으로 질주하듯 내달렸다. 우리 동네 高層 아파트에서 불이 났는데 20층에 高齡의 노인 두 분이 고립되어 있다고 했다. 소방관들이 분주히 움직이는 가운데 놀라운 장면이 펼쳐졌다. 전문가가 사용하는 高級 등반 장비를 갖춘 두 노인이 멋지게 줄을 타고 내려온 것이다. 땅에 안착한 노인들은 高尙한 자세로 소방관을 향해 인사를 전하고는 유유히 사라졌다.

QUIZ: 고열 / 고귀 / 고성 / 고기압 / 고발(○)

太 (태) 161p

한자 완성하기 3

太 양
太 백 산 맥
太 극 기
太 평 양

한자 연결하기 4

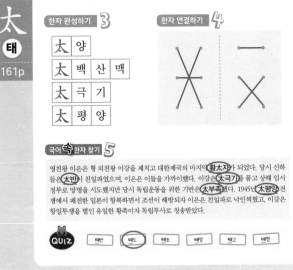

국어 속 한자 찾기 5

영친왕 이은은 형 의친왕 이강을 제치고 대한제국의 마지막 皇太子가 되었다. 당시 신하들은 太半이 친일파였으며, 이은은 이들을 가까이했다. 이강은 太極旗를 품고 상해 임시정부로 망명을 시도했지만 당시 독립운동을 위한 기반은 太不足이었다. 1945년 太平洋 전쟁에서 패전한 일본이 항복하면서 조선이 해방되자 이은은 친일파로 낙인찍혔고, 이강은 항일투쟁을 벌인 유일한 황족이자 독립투사로 칭송받았다.

QUIZ: 태반 / 태도(○) / 태초 / 태양 / 태고 / 태평

陽 (양) 163p

한자 완성하기 3

陽 수
석 陽
차 陽 막
陽 산

한자 연결하기 4

국어 속 한자 찾기 5

언제부턴가 햇살이 따사롭게 느껴졌다. 마당에 풀어둔 병아리들도 이제 遮陽幕 안으로 숨지 않고 陽地로 나와 돌아다닌다. 해를 피하는 건 엄마뿐이다. 외출했다 돌아오신 엄마 손에는 陽傘이 들려 있다. 夕陽이 붉게 물들 무렵 나는 강가로 나가 물수제비를 떴다. 내가 던진 돌이 수면을 사뿐히 튕기며 太陽이 가둔 듯 높게 날았다.

QUIZ: 양성 / 석양 / 양력 / 양국 / 오양(○) / 양수

風 (풍) 165p

한자 완성하기 3

風 향
風 차
風 선
風 경 화

한자 연결하기 4

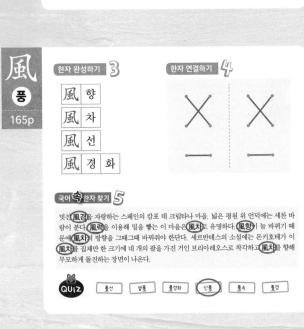

국어 속 한자 찾기 5

멋진 風景을 자랑하는 스페인의 캄포 데 크립타나 마을. 넓은 평원 위 언덕에는 세찬 바람이 분다. 風力을 이용해 밀을 빻는 이 마을은 風車로 유명하다. 風向이 늘 바뀌기 때문에 風車의 방향을 그때그때 바꿔줘야 한단다. 세르반테스의 소설에는 돈키호테가 이 風車를 집채만 한 크기에 네 개의 팔을 가진 거인 브리아레오스로 착각하고 風車를 향해 무모하게 돌진하는 장면이 나온다.

QUIZ: 풍선 / 열풍 / 풍경화 / 단풍(○) / 풍속 / 풍경

半 (반) 167p

한자 완성하기 3

半 숙
半 원
半 투 명
半 월

한자 연결하기 4

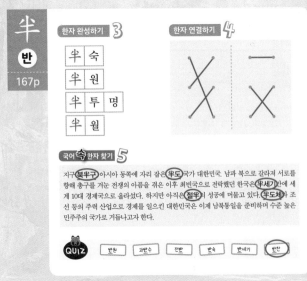

국어 속 한자 찾기 5

지구 북半구 아시아 동쪽에 자리 잡은 半島 국가 대한민국. 남과 북으로 갈라져 서로를 향해 총구를 겨룬 전쟁의 아픔을 겪은 이후 최빈국으로 전락했던 한국은 半世紀 만에 세계 10대 경제국으로 올라섰다. 하지만 아직도 絶半의 성공에 머물고 있다. 半導體가 조선 등의 주력 산업으로 경제를 일으킨 대한민국은 이제 남북통일을 준비하며 수준 높은 민주주의 국가로 거듭나고자 한다.

QUIZ: 반원 / 과반수 / 전반 / 반숙 / 반세기 / 반찬(○)

習 (습) 169p

한자 완성하기 3

풍 習
習 작
習 관
실 習

한자 연결하기 4

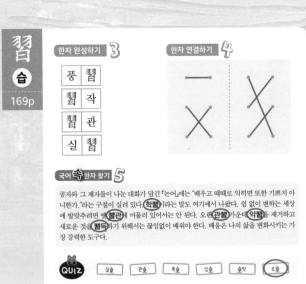

국어 속 한자 찾기 5

공자와 그 제자들이 나눈 대화가 담긴 『논어』에는 "배우고 때때로 익히면 또한 기쁘지 아니한가."라는 구절이 실려 있다. 學習이라는 말도 여기에서 나왔다. 쉼 없이 변하는 세상에 발맞추려면 옛 慣習에 머물러 있어서는 안 된다. 오랜 慣習 가운데 惡習을 제거하고 새로운 것을 習得하기 위해서는 끊임없이 배워야 한다. 배움은 나의 삶을 변화시키는 가장 강력한 도구다.

QUIZ: 실습 / 관습 / 복습 / 상습 / 습작 / 오습(○)

雪 (설) 171p

한자 완성하기 3

폭雪 / 제雪 / 雪원 / 雪탕

한자 연결하기 4

국어↔한자 찾기 5

폭雪은 순식간에 큰 피해를 일으킨다. 2004년, 기상 관측 이래 최대 강雪량을 기록한 중부지방의 폭雪로 서울 시내의 모든 도로가 마비되었다. 지자체는 제雪 장비를 최대한 동원했지만 50cm가 넘는 대雪을 처리하기에는 역부족이었다. 하지만 폭雪이 피해만 입히는 것은 아니다. 가뭄을 줄이고 대기질을 개선시키며 산불을 방지해 준다는 이점도 있다.

QUIZ: 만년설 / 설원 / 설경 / 설탕 / (설량) / 제설

光 (광) 173p

한자 완성하기 3

관光 / 光선검 / 형光등 / 光합성

한자 연결하기 4

국어↔한자 찾기 5

부산에 할머니를 뵈러 갔는데 마침 국제영화제가 열리고 있었다. 세계적으로 각光받는 유명 배우들이 레드카펫을 밟는 모습이 마치 후光이 비추는 것처럼 눈부셨다. 엄마는 그게 다 휘황찬란한 조명 덕이라고 말씀하셨다. 영화의 전당 인근 관光지인 해운대 해수욕장은 야光 팔찌를 끼고 밤바다를 즐기는 사람들로 붐볐다. 전 세계 영화인들이 모인 국제영화제는 곳곳이 光채로 빛나는 화려한 행사였다.

QUIZ: 광합성 / 광택 / 광복 / 각광 / 형광등 / (광고)

61~80일 한자 확인하기 174~175p

1

根	本	始	作	業	開	失	反
뿌리 근	근본 본	비로소 시	지을 작	업 업	열 개	잃을 실	돌이킬/돌아올 반

省	對	等	級	高	太	陽	風
살필 성/덜 생	대할 대	무리 등	등급 급	높을 고	클 태	볕 양	바람 풍

半	習	雪	光
반 반	익힐 습	눈 설	빛 광

2

根	本	始	作	業	開	失	反
뿌리 근	근본 본	비로소 시	지을 작	업 업	열 개	잃을 실	돌이킬/돌아올 반

省	對	等	級	高	太	陽	風
살필 성/덜 생	대할 대	무리 등	등급 급	높을 고	클 태	볕 양	바람 풍

半	習	雪	光
반 반	익힐 습	눈 설	빛 광

3

根	本	始	作	業	開	失	反
뿌리 근	근본 본	비로소 시	지을 작	업 업	열 개	잃을 실	돌이킬/돌아올 반

省	對	等	級	高	太	陽	風
살필 성/덜 생	대할 대	무리 등	등급 급	높을 고	클 태	볕 양	바람 풍

半	習	雪	光
반 반	익힐 습	눈 설	빛 광

4
❶太陽 ❷反對 ❸反省 ❹始作

5
② 高 - 等 - 失

遠 (원) 177p

한자 완성하기 3

遠근 / 遠거리 / 遠양 / 망遠경

한자 연결하기 4

국어↔한자 찾기 5

1608년 네덜란드의 한스 리퍼세이는 遠거리에 있는 사물을 가까이 보이게 해주는 망遠경을 발명했다. 이듬해 이탈리아 출신의 갈릴레이가 이를 개량한 천체 망遠경을 선보여 달을 자세히 관측할 수 있게 되었다. 지금은 무인 우주선을 遠격으로 조종하여 천체를 관찰할 수 있다. 과학 기술은 과연 어디까지 발전할까? 인간은 앞으로 얼마나 멀리 우주遠정을 떠날 수 있게 될까?

QUIZ: (원인) / 원시 / 원대 / 원격 / 원심력 / 원양

近 (근) 179p

한자 완성하기 3

近황 / 近접 / 부近 / 친近감

한자 연결하기 4

국어↔한자 찾기 5

작년에 아버지가 전근을 가시면서 경기도 近교로 전학을 갔던 수지가 최近에 우리 집 近방으로 이사를 왔다. 방학 후에는 학교 近처 분식집에서 떡볶이도 같이 먹고, 집 近방 공부방에서 함께 공부하면서 조금씩 가까워졌다. 그리 친한 사이는 아니었지만 인近에 살면서 자주 만나다 보니 近래 친해진 것 같다.

QUIZ: 근래 / 근황 / 근접 / 최근 / 친근감 / (근무)

정답 **233**

永 (영) 181p

한자 완성하기 3

永	구	치
永	주	권
永	면	
반	永	구

한자 연결하기 4

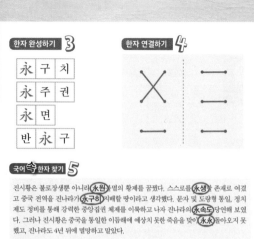

국어⇔한자 찾기 5

진시황은 불로장생뿐 아니라 (永遠)불멸의 황제를 꿈꿨다. 스스로를 (永生)할 존재로 여겼고 중국 전역을 진나라가 (永久히)지배할 땅이라고 생각했다. 문자 및 도량형 통일, 정치제도 정비를 통해 강력한 중앙집권 체제를 이룩하고 나자 진나라의 (永續도)당연해 보였다. 그러나 진시황은 중국을 통일한 이듬해에 예상치 못한 죽음을 맞아 (永永)돌아오지 못했고, 진나라도 4년 뒤에 멸망하고 말았다.

QUIZ: 영구치 | 영생 | 반영구 | (영화) | 영년 | 영검

美 (미) 183p

한자 완성하기 3

美	인
美	술
美	백
美	국

한자 연결하기 4

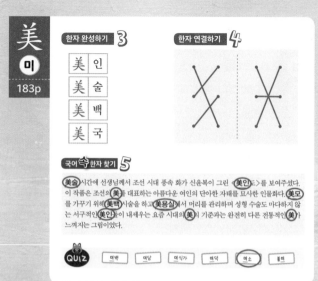

국어⇔한자 찾기 5

(美術)시간에 선생님께서 조선 시대 풍속 화가 신윤복이 그린 <(美人)도>를 보여주셨다. 이 작품은 조선의 (美)를 대표하는 아름다운 여인의 단아한 자태를 묘사한 인물화다. (美모)를 가꾸기 위해 (美백)시술을 하고 (美용실)에서 머리를 관리하며 성형 수술도 마다하지 않는 서구적인 (美人)이 내세우는 요즘 시대의 (美)의 기준과는 완전히 다른 전통적인 (美)가 느껴지는 그림이었다.

QUIZ: 미백 | 미담 | 미식가 | 미덕 | (미소) | 불미

術 (술) 185p

한자 완성하기 3

기	術
마	術
무	術
수	術

한자 연결하기 4

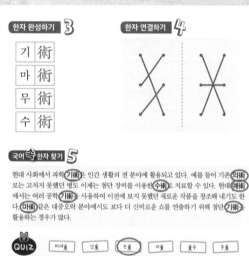

국어⇔한자 찾기 5

현대 사회에서 과학 (기術)은 인간 생활의 전 분야에 활용되고 있다. 예를 들어 기존 (의術)로는 고치지 못했던 병도 이제는 첨단 장비를 이용한 (手術)로 치료할 수 있다. 현대 (예術)에서는 여러 공학 (기術)을 사용하여 이전에 보지 못했던 새로운 작품을 창조해 내기도 한다. (마術)같은 대중오락 분야에서도 보다 더 신비로운 쇼를 연출하기 위해 첨단 (기術)을 활용하는 경우가 많다.

QUIZ: 처세술 | 상술 | (논술) | 마술 | 술수 | 무술

才 (재) 187p

한자 완성하기 3

천	才
둔	才
才	롱
才	치

한자 연결하기 4

국어⇔한자 찾기 5

엄마는 봄이가 유아 때부터 여러 방면에서 (才능)이 많다는 사실을 알게 됐다. 봄이는 노래도 잘하고 그림도 잘 그렸다. (才치)있는 말주변으로 엄마를 놀라게 한 적도 적지 않다. 엄마는 봄이가 (천才)는 아니더라도 최소한 (수才)나 (영才)로 자라리라는 기대를 품고 (영才)교육원에 보냈다. 그런데 (才롱)도 잘 떨고 발랄했던 봄이가 교육원에 다닌 뒤부터 시무룩한 표정으로 돌아온 날이 잦자 엄마는 의아했다.

QUIZ: 둔재 | (재학) | 재능 | 재당 | 다재 | 귀재

神 (신) 189p

한자 완성하기 3

귀	神
神	화
神	전
神	경

한자 연결하기 4

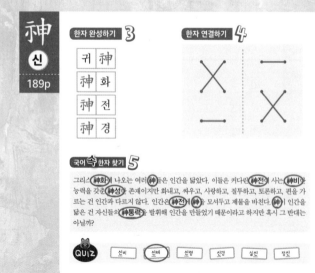

국어⇔한자 찾기 5

그리스 (神話)에 나오는 여러 (神)은 인간을 닮았다. 이들은 커다란 (神殿)에 사는 (神비)한 능력을 갖춘 (神성)한 존재이지만 화내고, 싸우고, 사랑하고, 질투하고, 토론하고, 편을 가르는 건 인간과 다르지 않다. 인간은 (神殿)에 (神)을 모셔두고 제물을 바친다. (神)이 인간을 닮은 건 자신들이 (神통력)을 발휘해 인간을 만들었기 때문이라고 하지만 혹시 그 반대는 아닐까?

QUIZ: 신비 | (신해) | 신령 | 신경 | 실신 | 정신

童 (동) 191p

한자 완성하기 3

아	童
童	화
童	요
童	자	승

한자 연결하기 4

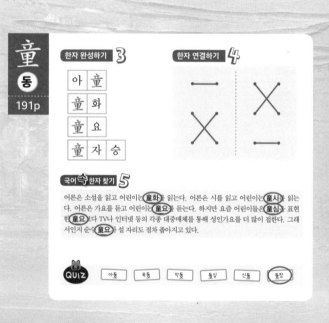

국어⇔한자 찾기 5

어른은 소설을 읽고 어린이는 (童話)를 읽는다. 어른은 시를 읽고 어린이는 (童詩)를 읽는다. 어른은 가요를 듣고 어린이는 (童요)를 듣는다. 하지만 요즘 어린이들은 (童시)를 표현한 (童요)보다 TV나 인터넷 등의 각종 대중매체를 통해 성인가요를 더 많이 접한다. 그래서인지 순수 (童요)의 설 자리도 점차 좁아지고 있다.

QUIZ: 아동 | 옥동 | 악동 | 동심 | 신동 | (동창)

强 (강) 193p

한자 완성하기 3

强	조
强	타
强	풍
强	도

한자 연결하기 4

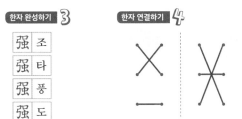

국어속 한자 찾기 5

해마다 태풍이 점점 더 强력해지는 데다 발생하는 횟수도 늘고 있다. 올해 强풍과 호우를 동반하여 한반도를 强타한 태풍들은 이전보다 더 많은 피해를 일으켰다. 태풍 경보가 발효되면 해안 지역에서는 혹시나 모를 사고에 대비해 시설물을 보强하는 등 만반의 준비를 해야 한다. 기상학자들은 태풍의 발생 빈도 및 强도가 점차 커지는 현상이 해수면 온도 상승과 관련이 있다고 强조한다.

 QUIZ 강의 │ 강조 │ 강제 │ 보강 │ (강사) │ 강호

弱 (약) 195p

한자 완성하기 3

弱	점
弱	자
弱	세
쇠	弱

한자 연결하기 4

국어속 한자 찾기 5

흔히 몸과 마음은 하나로 연결돼 있다고 한다. 몸이 튼튼하면 정신도 건강해지고 몸이 허弱하면 마음도 나弱해지기 쉽다. 『운동화를 신은 뇌』의 저자 존 레이티는 정신이 쇠弱해지는 것을 막고 우울증에 시달리지 않으려면 신체 건강부터 챙기라고 말한다. 몸 건강에 취弱한 환경이 건강한 정신을 파괴한다는 것이다. 그러면서 운동이야말로 신체의 弱점을 보완하고 뇌와 정신, 마음을 두루 관리할 수 있는 비결이라고 전한다.

 QUIZ 연약 │ (약국) │ 약자 │ 쇠약 │ 방약 │ 약세

音 (음) 197p

한자 완성하기 3

녹	音
방	音
발	音
音	표

한자 연결하기 4

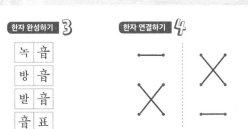

국어속 한자 찾기 5

진완이는 노래 실력에 남다른 자부심을 갖고 있다. 발音이 정확한 편이고, 어려서부터 피아노를 배워서인지 音표도 잘 구분한다. 자신의 音성을 노래로 녹音해 길이길이 남기고 싶다는 진완이가 고音으로 노래를 하면 친구들은 자리를 슬슬 피한다. 실은 지독한 音치이기 때문이다. 진완이는 자기 노래를 音악이라고 하지만 친구들은 소音이라고 말한다.

 QUIZ 방음 │ 비음 │ (다음) │ 녹음 │ 화음 │ 소음

樂 (락, 악) 199p

한자 완성하기 3

오	樂
음	樂
성	樂
국	樂

한자 연결하기 4

국어속 한자 찾기 5

요즘 음樂계는 다양한 융합을 시도하고 있다. 국樂을 공부한 소리꾼이 발라드 가요를 불러 인기를 얻기도 하고 성樂을 전공한 음樂가가 트로트 가수로 변신해 대중에게 많은 사랑을 받기도 하며, 전통 樂기와 서양 樂기를 접목시켜 새로운 장르의 음樂을 만들어 내기도 한다. 이 같은 융합의 결과가 오樂성과 작품성 모두 높은 평가를 받는 경우가 많아 대중도 이런 경향을 樂관적인 시선으로 바라본다.

 QUIZ 악보 │ 쾌락 │ 동고동락 │ 안락 │ 낙관 │ (타락)

短 (단) 201p

한자 완성하기 3

短	발
短	신
短	편
短	거리

한자 연결하기 4

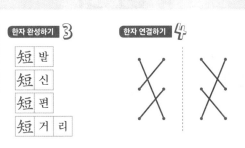

국어속 한자 찾기 5

학교 육상부원인 정훈이는 우사인 볼트처럼 세계적인 短거리 선수가 되는 게 꿈이다. 육상부에 들어간 지는 채 일 년이 되지 않았지만 매일같이 훈련한 덕인지 短기간에 기량이 크게 향상됐다. 최근에는 달리기 자세도 短점도 개선되고 100미터 기록도 많이 短축됐다고 감독님께 칭찬을 듣기도 했다. 정훈이는 오늘도 한국의 우사인 볼트를 꿈꾸며 운동장에서 값진 땀을 흘리며 달린다.

 QUIZ 장단 │ 단발 │ 단축 │ 단편 │ 최단 │ (단어)

親 (친) 203p

한자 완성하기 3

親	구
親	척
親	절
親	탁

한자 연결하기 4

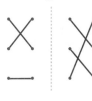

국어속 한자 찾기 5

봄이는 親구들 사이에서 인기가 많다. 가까운 사람들을 親절하게 대하는 봄이는 조금 親숙해졌다고 언행을 함부로 하는 법이 없다. 이런 봄이를 누군들 좋아하지 않을까? 하지만 봄이 자신은 親화력이 부족하다고 여긴다. 사실 봄이는 낯선 사람에게 먼저 다가가 말을 걸지 못한다. 하지만 봄이와 조금씩 親분이 쌓이고 親밀해지면 親절한 봄이의 본모습도 조금씩 드러난다.

 QUIZ 친탁 │ 친척 │ 친애 │ 친족 │ 친숙 │ (키친)

愛 애 205p

한자 완성하기 3

愛국
연愛
우愛
愛착

한자 연결하기 4

국어 속 한자 찾기 5

최愛는 가장 愛정하다, 가장 아끼다'라는 뜻으로, 근래에 학생들이 자주 사용하는 용어다. 예를 들어 최愛컵은 평소 가장 愛용하는 컵이고 '최愛운동화'는 가장 愛착이 가는 운동화를 말한다. 가장 친한 친구의 愛칭으로 이름 앞에 최愛를 붙이기도 한다. 신조어라고 생각하는 사람이 많지만 실은 엄연히 표준어로 등록된 말이다.

QUIZ 애처가 | 우애 | 애칭 | 편애 | (생애) | 애국

用 용 207p

한자 완성하기 3

일회用품
用지
재활用
비用

한자 연결하기 4

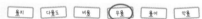

국어 속 한자 찾기 5

일상생활에서 지구를 지키는 방법은 의외로 많다. 가령 장을 보러 갈 때는 장바구니나 천으로 된 多用도 가방을 가져가 비닐봉지 代用으로 쓴다. 음료를 마실 때는 개인 컵(텀블러)을 휴대하여 일회用품을 濫용하지 않는다. 쓰레기를 버릴 때는 종류별로 분리해 자원을 재활용한다. 지구 곳곳에서는 제로 웨이스트(쓰레기를 최소화하기)라는 用어 使용한 캠페인을 벌여 이 같은 일상의 작은 실천들을 권장한다.

QUIZ 용지 | 다용도 | 비용 | (무용) | 용어 | 악용

利 리 209p

한자 완성하기 3

승利
利익
편利
폭利

한자 연결하기 4

국어 속 한자 찾기 5

기업의 목적은 경제적 利익을 얻는 것이다. 그러나 최근 기업들은 경제 활동으로 창출한 利윤의 일부를 사회에 환원하거나 暴利 구조가 아닌 공정한 利득 추구 활동을 통해 '착한 기업' 이미지를 구축하는 데 많은 비용을 들인다. 하지만 이 역시 利해와 득실을 철저하게 계산하는 전형적인 기업 활동이라 할 수 있다. 소비자는 '착한 소비'를 했다는 데서 위안을 받지만 이 역시 돈을 주고 제품을 구입하는 행위이기 때문이다.

QUIZ 이자 | (이사) | 이기적 | 폭리 | 이득 | 승리

使 사 211p

한자 완성하기 3

천使
使자
대使관
使명

한자 연결하기 4

국어 속 한자 찾기 5

옛날에는 다른 나라에 使신을 파견하여 외교에 임했지만 지금은 현지에 大使관을 설치하여 해당 나라의 언어를 자유자재로 驅使하는 외교관을 상주시켜 외교 업무를 수행하게 한다. 大使관은 외국에서 자기 나라를 대표하고, 해당 국가에 사는 자국민을 보호한다. 간혹 특별한 使명을 받은 特使를 파견할 때도 있지만, 대개는 大使관이 해당 국가와의 외교 관계를 책임지고 수행한다.

QUIZ 구사 | 사용 | 천사 | (강사) | 사자 | 특사

黃 황 213p

한자 완성하기 3

黃금
黃사
黃색
黃제

한자 연결하기 4

국어 속 한자 찾기 5

중국에서 黃색과 黃제를 상징하는 색이다. 黃제는 중국인에게 땅과 강을 연상시킨다. 대륙을 가로지르는 黃허강 그 주변의 黃퉁빛 땅은 중국 문명이 시작된 곳이다. 중국 민족의 조상이라고 하는 黃제는 백성에게 문자와 음악, 의술을 가르쳤다. 하지만 우리나라 사람들은 黃색을 보면 대부분 하늘을 뿌옇게 뒤덮은 黃사를 떠올린다.

QUIZ 황금 | 황혼 | (황제) | 황도 | 황구 | 황사

窓 창 215p

한자 완성하기 3

窓문
차窓
철窓
窓호지

한자 연결하기 4

국어 속 한자 찾기 5

오늘은 아빠가 學교 시절에 있었던 이야기를 들려주셨다. 친구들과 야구를 하다 이웃집 유리窓을 깬 일, 중학교 同窓인 태호 아저씨와 숙제를 해오지 않은 벌로 교실 窓문을 주일 동안 닦은 일, 시골 외할머니 댁에서 재미로 窓호지에 구멍을 뚫다가 혼이 난 일 등. 내 눈에 비치는 우리 아빠는 점잖은 어른이지만 學窓 시절 내 나이 또래였던 아빠는 나만큼이나 짓궂은 장난꾸러기였나 보다.

QUIZ 차창 | (창고) | 창구 | 철창 | 창호 | 동창

---

236 국어 속 한자

1

遠	近	永	美	術	才	神	童
멀 원	가까울 근	길 영	아름다울 미	재주 술	재주 재	귀신 신	아이 동

強	弱	音	樂	短	親	愛	用
강할 강	약할 약	소리 음	즐길/풍류 녹/악	짧을 단	친할 친	사랑 애	쓸 용

利	使	黃	窓
이로울 리	해여금/부릴 사	누를 황	창 창

2

遠	近	永	美	術	才	神	童
멀 원	가까울 근	길 영	아름다울 미	재주 술	재주 재	귀신 신	아이 동

強	弱	音	樂	短	親	愛	用
강할 강	약할 약	소리 음	즐길/풍류 녹/악	짧을 단	친할 친	사랑 애	쓸 용

利	使	黃	窓
이로울 리	해여금/부릴 사	누를 황	창 창

3

遠	近	永	美	術	才	神	童
멀 원	가까울 근	길 영	아름다울 미	재주 술	재주 재	귀신 신	아이 동

強	弱	音	樂	短	親	愛	用
강할 강	약할 약	소리 음	즐길/풍류 녹/악	짧을 단	친할 친	사랑 애	쓸 용

利	使	黃	窓
이로울 리	해여금/부릴 사	누를 황	창 창

4
➊ 音樂 　➋ 使用
➌ 神童 　➍ 永遠

5
④
愛 - 短 - 美

6급 Ⅱ 배정한자 75자

* 페이지 번호가 없는 한자는 **국어 속 한자 Ⅱ** 에 수록된 한자입니다.

지은이

안재윤

성균관대학교 한문교육과 졸업
서울대학교 대학원 국어국문학과 석사 수료

- 주요저서

《기탄 한석봉 한자》, 기탄교육

《기탄 급수한자 빨리 따기》, 기탄교육

《아침을 깨우는 한자》, 어바웃어북

《한자 대왕 수리온》, 주니어김영사

《장원 한자》, 장원교육

《장원 중국어》, 장원교육

《장원 국어랑 독서랑》, 장원교육 외 다수

우리말 어휘력을 키워주는

국어 속 한자 III 하루 한 장의 기적

초판 1쇄 발행 2021년 1월 10일 | **초판 3쇄 발행** 2023년 9월 10일

지은이 안재윤 | **발행인** 김태웅 | **편집 1팀 팀장** 황준 | **기획·편집** 양정화 | **디자인** MOON-C design | **마케팅 총괄** 나재승 | **제작** 현대순

발행처 (주)동양북스 | **등록** 제 2014-000055호 | **주소** 서울시 마포구 동교로22길 14 (04030) | **구입 문의** 전화 (02)337-1737 팩스 (02)334-6624
내용 문의 전화 (02)337-1763 dybooks2@gmail.com

ISBN 979-11-5768-682-7 63710